덜미, 완전범죄는 없다 1

※ 이 도서의 국립중앙도서관 출판예정도서목록(CIP)은
서지정보유통지원시스템 홈페이지(http://seoji.nl.go.kr)와
국가자료공동목록시스템(http://www.nl.go.kr/kolisnet)에서 이용하실 수 있습니다.
(CIP제어번호: CIP2018001894)

덜미,

완전범죄는 없다 **1**

범죄 현장에서 쫓고 쫓기는 두뇌 싸움

—— **한국일보 경찰팀** 지음

북콤마

모든 정황이 범인이라고 지목할 때도
다른 가능성을 생각한다

권일용 전 경찰청 경정(프로파일러), 범죄학 박사

범죄는 사회현상 변화와 깊은 연관을 갖는다. 1993년 발생한 이른바 '지존파' 사건, 1996년 이들을 모방한 '막가파' 사건 등이 일어나기 이전, 한국 사회 범죄는 동기motive가 뚜렷했다. 치정이나 원한 등 직접적 인과관계가 없으면 살인 사건이 발생하지 않았다.

그러나 1990년 중반 이후 한국 사회가 IMF 경제차관 같은 급격한 경제적 변화와 중산층의 몰락, 다양한 정치적 격동을 겪으면서, 불특정 다수를 대상으로 범죄자 개인의 분노 감정을 표출하는 범죄로 변화하기 시작했다. 결국 2000년대에 접어들어 사이코패스psychopath가 등장하면서 한국 사회 구성원은 연쇄살인이라는 끔찍한 시대적 아픔을 공유하게 되었다.

이제 우리 사회가 겪고 있는 범죄들은 표면적인 이유가 없는 것들이다. 아무 이유 없이 사람이 죽고 다친다. 물론 범죄를 저지르는 범죄자들은 분명한 동기와 이유가 있다. 그 동기와 이유를 분석하는 사람들이 프로파일러, 즉 범죄 심리 분석관이다.

사건 현장에는 항상 과학수사 요원들이 있었다. 현장에 투입된 과학수사 요원과 프로파일러들이 가장 먼저 만나는 사람은 피해자다. 거꾸로 말하면, 가장 먼저 현장에 나가 억울한 피해자를 보듬고 손을 잡아주는 경찰관이 바로 그들이다. 잔인하게 훼손된 삶을 부여잡고 있거나 이미 생을 마친 피해자들…. 그래서 과학수사 요원들은 늘 마음에 상처를 안고 살아간다.

힘든 일이다. 직접 범죄자를 만나거나 잔혹한 현장을 보면서 감정 이입하는 경우도 많다. 주검 냄새가 머릿속에서 떠나지 않는 날이면 일을 그만둘 생각이 들기 마련이다. 후배들이 포기하지 않았으면 한다. 경찰이 포기하면 피해자를 포기하는 것이다. 현장에서 만난 처참한 죽음을 절대 포기해서는 안 된다. 피해자는 돌아올 수 없는 길을 갔다. 후배들이 그 무게를 느꼈으면 좋겠다. 그건 짐이 아니라 소명이다.

범인을 반드시 검거하겠다는 의지는 최근 과학수사의 발전으로 이어지고 있다. 과학수사는 궁극적으로 인권 수사다. 수사를 잘한다는 것은 범인을 빨리 잡는 것이 아니라 억울한 사람이 없도록 하는 것이다. 과학수사가 발전하면서 억울한 이를 범인으로 잡는 일이 많이 줄었지만, 더 엄격해져야 한다. 'DNA 나왔는데 범인이 뻔하지'라고 생각을 정하는 순간 과학수사는 더 발전할 수 없다. 모든 정황이 누군가를 범인으로 지목할 때도 범인이 아닐 일말의 가능성을 항상 생각해야 한다.

이제 28년간의 과학수사를 마음속에 담아놓고 퇴직했지만, 내가 해결하지 못한 사건들은 후배 과학수사 요원과 프로파일러들이 반드시 끝마쳐주리라 믿는다.

이 책의 글들은 그러한 가슴 아픈 순간을 되새기며 써내려간 장면들이다.

차례

2부 완전범죄는 없다 1

덜미, 완전범죄는 없다 2

'쫓고 쫓기는 자'의 치열한 두뇌 싸움, 한 편의 영화처럼

경찰청 통계에 따르면 2022년 한 해에만 강력 범죄가 총 2만 4954건이나 발생했다. 누가 누군가를 죽이고, 누가 누군가의 돈을 뺏고, 누가 누군가를 성적으로 추행하거나 폭행을 가하고, 누군가의 집에 불을 지르는 일이 매일 68건 이상 벌어지고 있다는 얘기다.

언제부터인지 모르겠지만, 신문 등 언론에서 이들 사건을 찾아보기가 쉽지 않다. 연쇄살인같이 잔혹함이 도를 넘거나 독자들 눈길을 끌 만한 가해자나 피해자가 아니라면, 대부분은 보도되지 않는다. 언론사 판단이 먼저인지, 독자들 선호 변화가 먼저인지는 모르겠지만, 엄연한 지금의 모습이다.

이 책에 실린 기획 시리즈를 준비할 때 마음이 그랬다. "독자들이 이런 사건에 관심을 갖기나 할까?"라는 의문이 먼저 들었다. 그 럴듯하게 읽히는 결과물을 내놓으려면 투자해야 할 시간과 노력이 만만치 않을 거라는 지레짐작도 있었다.

다만 하나의 욕심이 하나 생겼다. '사건들이 하나하나 품고 있을 보도로서의 가치'를 끄집어내보자는 생각이었다. 사건이 발생하고 범인을 잡기 위해 동분서주하는 경찰 모습을 조명해보면서 '쫓고 쫓기는 자'의 치열한 두뇌 싸움을 전달해보는 건 어떨까. 최대한 재미있게, 한 편의 영화처럼 사건을 전달해보자는 의욕이 있었다. 한국일보 지면을 통해 2017년 3월부터 2019년 1월까지 2주에 한 번씩 선보인 '완전범죄는 없다' 시리즈는 그렇게 시작됐다.

다행히 인터넷과 각종 사회관계망서비스SNS에서 확인하는 독자 반응은 예상을 뛰어넘는 수준이었다. 신문을 통해 기사를 직접 본 이들의 격려와 칭찬도 생각 이상이었다. 기사를 준비하면서 전국을 누비고 수백 페이지에 달하는 수사 기록과 판결문을 뒤져가며 애를 썼던 것에 대한 보답이겠거니 싶다가도, 결국은 독자들에게 감사한 마음으로 고개를 숙일 수밖에 없는 이유다.

책은 1, 2부로 구성돼 있다. 1부는 '범인 잡는 과학'이라는 큰 제목답게 범죄 현장에 남겨진 지문이나 족적 같은 단서를 과학적으로 분석해, 범인을 찾아가는 과정을 소개하고자 했다. 끝까지 범행을 부인하는 용의자를 상대로 심리를 분석하고 종국에는 대화로써 자백을 받아내는 프로파일러의 활약상도 충분히 담았다. 잿더미로 남은, 토막이 난 채로 버려진 시신에서 범인을 찾아내는 과학수사 요원들의 모습도 생생히 느껴볼 수 있을 것이다.

2부는 용의주도하게 증거를 인멸하며 완전범죄를 꿈꿨던 범인, 이를 잡기 위해 분투하는 일선 경찰 간의 치열한 싸움이 녹아 있다. 행적을 감추고, 범행을 감추려고 서슴없이 시신을 토막 내버리는 잔혹한 범인을 쫓아 결국은 수갑을 채우는 일선 경찰의 활약상이 곳곳에 담겨 있다. 큰 제목은 그래서 '완전범죄는 없다'로 잡았다.

책을 쓰는 내내 머릿속을 떠나지 않은 것이 있다. 이 책이 일선에서 범인을 잡겠다고 불철주야 뛰어다니는 일선 경찰의 노고를 조금이나마 기억하고, 사건을 해결하는 그들의 열정에 박수를 보내는 하나의 기록물이었으면 하고 기대한다. 여전히 250건이 넘는 미제 살인 사건(2021년 12월 기준 267건)이 조속히 해결됐으면 하는 바람과 함께, 사건 해결에 미약하게나마 도움이 됐으면 하는 바람도 담고자 했다. 취재에 적극적으로 도움을 주신 경찰청 수사국과 과학수사관리관실, 각 지방경찰청과 일선 경찰서 관계자들에게 감사드린다.

시리즈 취재를 주문하고 기사의 부족함을 일일이 지적해주신 이성철 편집국장과 정진황 사회부장이 없었다면, 이 책은 세상에 나오지 못했을 것이다. 마감 때마다 단어 하나하나에까지 신경을 쓰면서 기사를 손봐주신 고찬유 사회부 사건데스크, 정교하고 일목요연한 그래픽으로 시리즈에 담긴 이야기에 생생함을 한 층 살려주신 한국일보 그래픽뉴스부에도 진심으로 감사함을 전한다. 출판의 기회를 선뜻 내준 북콤마 출판사에게도 다시 한 번 고마움을 전한다.

2018년 1월
남상욱이 저자들을 대표해 쓰다

전국 각지에서 발생한 사건의 처음과 끝,
지능화하는 범죄에 필수 불가결해진 과학적 기법과 역할이
한 편의 짧은 소설처럼 펼쳐진다.

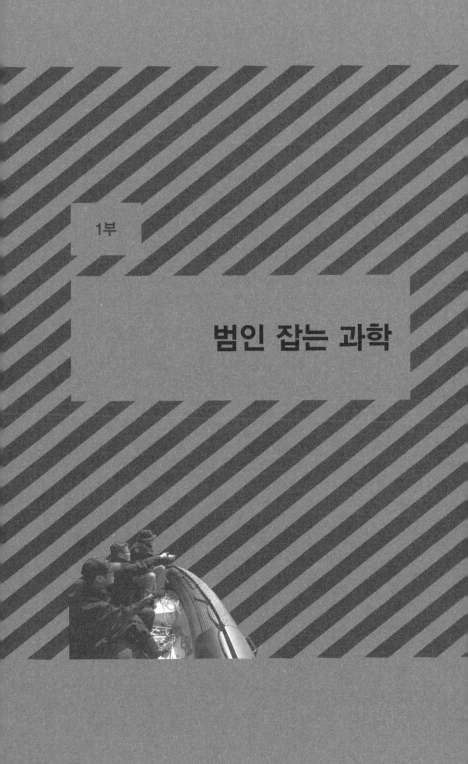

1부

범인 잡는 과학

1

마포 만삭 의사 부인 살해 사건

'기묘한 자세'로 욕조에서 발견된 시신…
사고사로 위장 의심

2011년 1월 14일, 지독한 교통 체증이었다. 이용순 경위(당시 서울마포경찰서 과학수사팀장)가 탄 차는 공덕동 사거리에 갇힌 채 앞으로 나가지 못했다.

"빨리 가야 하는데…."

이경위의 속이 새카맣게 타 들어갔다.

"팀장님, 변사자의 자세가 이상합니다. 사인을 판단하기 어렵습니다."

20분 전 팀원인 지은배 경사가 전화를 걸어 왔다. 14년이나 이 바닥을 누벼오는 동안 현장에 출동한 과학수사 요원이 이처럼 다급한 목소리로 보고하는 경우는 드물었다.

"지경사도 그때까지 10년 가까이 일하면서 얼마나 많은 변사자를 봤겠습니까. 본인이 감당하기 어렵다는 판단을 한 거라 팀장인 제게 전화를 한 거겠죠. '뭔가 좋지 않은 상황이구나, 쉽지 않겠구나' 그런 느낌이 들더군요."

이경위가 마침내 차 문을 벌컥 열었다. 사진기 등 감식 장비를 부여잡고 공덕동 현장으로 뛰기 시작했다. 가랑눈이 흩날리고 있었다.

1월 14일 오후 5시 9분 A오피스텔 2201호

유명 사립 의과대학 레지던트 4년차인 백 모(31세) 씨가 현관 비밀번호를 누르고 집 안으로 들어섰다. 평소보다 훨씬 이른 아침 6시 41분에 집을 나선 지 11시간가량 지난 시간이었다. 그는 올해 전문의 시험을 치르고 입대할 생각으로 한창 공부에 몰두하고 있었다. 합격한다면 국군서울지구병원 군의관으로 갈 계획도 세워 두었다. 하지만 어제(1월 13일) 본 1차 시험은 예상보다 어렵게 나와 떨어지는 사람이 많을 것 같다고 생각했다.

안방 욕실에 발을 들인 백씨가 장모 이 모 씨에게 전화를 걸었다.

"아내가 욕조에 넘어져 죽은 것 같아요."

장모는 경기 안양 집에서 택시를 타고 백씨 집으로 부리나케 출발했다. 아침 일찍 딸의 직장인 유치원에서 "A씨가 출근을 안 했다"는 전화를 받고 사위에게 전화를 걸었다. 하루 종일 받지 않거나 별다른 말이 없다가 이제야 한다는 말이 "아내가 죽었다"였다.

가슴이 터져 나갈 것 같았다.

백씨는 장모와 통화를 마친 뒤 119와 112에 신고 전화를 걸었다.

"제가 의사인데, 아내가 사망한 지 수 시간은 지난 것 같습니다."

백씨 휴대폰에는 이날 부재중 전화를 포함해 답장하지 않은 문자메시지 49통이 남겨져 있었다.

1월 14일 오후 6시 A오피스텔 2201호

22층 통로 제일 끝에 위치한 오피스텔(76.79제곱미터). 이경위가 도착해보니 집 안은 이미 수많은 사람들로 북적이고 있었다. 얼핏 둘러본 내부는 말끔했다. 변사자가 발견된 곳은 특이하게도 안방 욕실의 욕조였다. 변사자는 20대 후반 여성 A씨로 155센티미터의 자그마한 키에 잠옷 차림이었고, 화장기는 전혀 보이지 않았다. 욕조를 가로질러 배를 위로 한 채 누워 있었다. 양다리는 허벅지 아래쪽이 욕조 밖으로 나와 있었다. 발바닥이 욕실 바닥을 향하지만 바닥에 닿지는 않았다. 머리는 뒤통수 부분이 욕조 내부 오른쪽 면에 닿아 앞으로 접혀 있었다. 확실히 '이상한 자세'였다. 이경위의 카메라 플래시가 연신 빛을 뿜어냈다. 2월 12일 출산을 앞둔 결혼 3년차 만삭의 여성, 불룩한 배가 사진 속에서 유난히 도드라져 보였다.

1월 15일 오전 0시 5분 서울마포경찰서 강력팀 조사실

경찰은 일단 백씨를 유족 자격으로 조사했다. 백씨는 차분했다.

"제가 기억하고 있는 건 세 가지 모습밖에 없습니다."

자신이 아침을 먹는 새 아내는 거실로 나와 TV를 보고 있었고, 씻고 나오자 옷(흰색 후드 티셔츠와 검은색 체육복 바지)을 챙겨줬다. 문밖으로 나갈 때는 안방에서 "잘 가"라고 인사를 했다는 게 전부라는 진술이었다.

경찰은 께름칙했다. 멀쩡하던 사람이 갑자기 쓰러져 죽었다는 걸 쉽게 납득할 수 없었다.

"그때 마침 한 형사가 조사를 받고 나오는 백씨의 팔을 보게 된 겁니다. 그게 의문의 시작이었습니다."

이경위가 말했다. 박미옥 당시 강력계장도 뒷날 그때를 이렇게 떠올렸다.

"살인 가능성을 생각은 했지만 쉽게 말을 꺼낼 수 없는 상황이었죠. 팔과 이마에 난 흉터, 그걸 보고 백씨와 다시 얘기를 하게 됐는데, 대답이 영 이상했습니다. 이때부터 '아, 살해구나' 하는 의심이 커졌어요."

백씨 이마에는 왼쪽 아래 대각선 방향으로 니은 자 형태 상처가 있었다. 가로 1센티미터, 세로 0.5센티미터 정도 깊게 팬 왼쪽 상처를 포함해 양 팔뚝에는 9개가 넘는 긁힌 생채기가 남아 있었다. 오른쪽 관자놀이와 귀 밑, 왼쪽 뺨, 등, 어깨도 긁힌 상처투성이었다.

'혹시 부부 싸움을 하다가?' 경찰은 백씨의 동의를 얻어 상처 부위를 모두 사진으로 남겼다. 백씨는 "피부병이 있다"고 했다.

1월 17일 오전 10시 국립과학수사연구원 부검실

박재홍 법의관의 집도로 시신 부검을 시작했다. 발견 직후 현장 검안이 이뤄졌지만 사인은 아직 '알 수 없었다'. 이경위가 참관해 부검 장면을 초조히 지켜보고 있었다. "사건이 심상치 않습니다. 부검을 꼭 해야 합니다"고 서장에게 강력히 건의한 이도 이경위 자신이었다.

부검한 결과 A씨에게는 눈에 띄는 질병은 없었다. 뱃속의 태아도 건강했다. 독극물이나 약물 성분 역시 검출되지 않았다. 알코올도 나오지 않았다. 다만 외상이 여러 곳에서 발견됐다. 목과 이마 쪽 피부가 까지고, 눈가가 찢긴 채 멍이 살짝 들어 있었다. 팔다리에도 몇 군데 멍 자국이 있었다. 결정적인 건 목 안쪽 기도에서 나온 내부 출혈이었다. 목에 집중된 어떤 힘이 가해졌다는 뜻이다.

국립과학수사연구원 법의관들이 모여 부검 결과를 놓고 치열한 검토에 들어갔다. 그 결과가 2월 1일 경찰로 전해졌다.

'목눌림 질식의 가능성을 우선적으로 고려해야 한다.'

보름 후 재차 감정서가 전달됐다. 이번엔 좀 더 구체적이었다. '손에 의한 목눌림 질식사.' 경찰은 첫 번째 부검 결과가 나온 다음 날인 2월 2일 백씨를 '부인을 살해한 피의자'로 즉각 체포했다.

2월 18일 오후 5시 서울마포경찰서 강력팀 조사실

백씨는 완강했다. "내가 외출한 사이, 평소 빈혈 증세가 있던 A가 출근 준비를 하다가 욕조 쪽으로 쓰러졌고 그 충격에 목이 접혀 질식사했다"며 사고사라고 주장했다. 경찰이 "피해자는 타살된 것"이라고 추궁하자, 이번에는 "누군가 집에 침입해 죽였을 수도 있지 않느냐"라며 제삼자가 살해했을 가능성을 내놨다. 여러 주장을 내놨지만 결론은 하나였다.

"나는 아니다."

보름 전 백씨에 대해 청구한 구속영장이 법원에서 '범죄 사실에 대한 소명이 부족하다'는 이유로 기각됐지만, 경찰은 자신 있었다. 박미옥 계장은 각오를 다졌다.

"사건을 해결하지 못하는 누를 다시는 범하지 않으려고 수사 초반부터 전력을 다했습니다."

두 달 넘는 시간 동안 사건 현장에서 얻은 단서, 부검을 통해 확보한 과학적 근거는 차고 넘쳤다. 이경위는 "백씨의 하루 행적을 시간대별로, 다시 분 단위로 쪼개 시뮬레이션을 할 정도로 수사는 충분했습니다"고 말했다. 경찰은 이날 백씨 조사가 마지막이라고 선언했다.

"백씨는 자백할 뜻이 전혀 없어 보였습니다."

2월 25일 아침 8시 서울마포경찰서 기자실

출입 기자들에게 A4 용지 2매짜리 보도자료가 배포됐다. '마포

만삭 의사 부인 살해 피의자 구속.'

"피의자 백씨가 1월 14일 새벽 3시에서 아침 6시 41분 사이 피의자 아파트에서 아내 A와 불상의 이유로 다툰 뒤 손으로 아내 목을 눌러 질식사로 사망하게 하고, 사고사로 위장하기 위해 욕실 욕조에 유기했다."

기자단 브리핑을 위해 연단에 선 최종상 당시 형사과장이 자료를 읽어 내려갔다.

"이 같은 혐의가 인정돼 (법원에서) 백씨에 대한 구속영장이 발부됐다."

질문은 범행 동기에 집중됐다.

"'불상의 이유'라는 건 왜 죽였는지는 모른다는 말입니까?"

최과장은 잠시 호흡을 가다듬었다.

"백씨가 자백을 하지 않고 있습니다."

질문이 계속됐다.

"경찰이 판단하는 부분이 있지 않습니까?"

답변이 이어졌다.

"전문의 1차 시험 불합격 가능성, 게임 습벽 등 이유가 복합적으로 작용한 것으로 추정됩니다."

최과장은 백씨의 컴퓨터에 97개 게임, 4만 7413개 판타지 소설 파일이 저장돼 있었다는 점을 근거로 제시했다.

보도자료는 간단했지만 사실 경찰이 따로 준비한 자료는 수백 페이지에 달했다. 최과장은 그동안 공개하지 않았던 부검 결과도 추가 발표했다. A씨 손톱 밑에서 백씨의 DNA가 발견됐고, 안방 장롱 위에 던져둔 백씨가 입었던 옷에서 A씨 혈흔(핏자국)이 검출된 것이다. 특히 욕실에서 발견됐을 당시 A씨 얼굴에 남아 있던 핏자국을 언급했다.

"피해자 얼굴엔 오른쪽 눈꼬리 부위에서 오른쪽 귀 방향으로 흐른 핏자국이 있었다. 하지만 발견됐을 당시 A씨 얼굴은 왼쪽으로 기울어져 있었다. 출혈 이후 (피가 마를 만큼) 일정 시간이 흐른 뒤 옮겨졌거나 자세가 변경됐다는 뜻이다."

9월 15일 오후 2시 서울서부지방법원 303호 법정

A씨 가족 등 많은 이들이 재판정을 가득 메운 가운데 이들의 눈과 귀가 법정 중앙에 있는 한병의 부장판사에게로 쏠렸다. 경찰과 검찰은 3월 23일 백씨를 살인 혐의로 재판에 넘겼다. 총 17차례 공판이 열리는 동안 백씨는 여전히 무죄를 주장했다.

재판장이 입을 열었다.

"이 사건 범행은 목을 조를 경우 사망에 이를 수 있다는 위험성을 누구보다 잘 아는 의사인 피고인이, 출산이 한 달 남짓 남은 아내를 손으로 목을 졸라 살해해 태아까지 사망에 이르게 한 것으로…."

재판부는 경찰이 제출한 증거를 대부분 인정했다. '정확히 언제 어디서 남편이 부인을 죽였는지'는 증명할 수 없으나, 'A씨는 1월 14일 새벽 남편 백씨가 출근하기 전 집 안에서 살해됐으며, 제삼

2011년 3월 1일 오전 서울 마포구 도화동 만삭 의사 부인 사망 사건 현장에서 숨진 A씨의 남편 백씨가 변호인과 함께 현장검증 장소로 향하고 있다. 사진 한국일보

자가 침입한 증거가 없는 이상 백씨를 범인인 것으로 봐야 마땅하다'는 결론이었다.

"피고인의 죄질이 매우 무거워 중형 선고가 불가피하다. 피고인을 징역 20년에 처한다."

한판사가 법봉을 '땅!' 하고 두드렸다.

이후 2심 또한 징역 20년 형을 유지했으나, 대법원은 증거가 불충분하다는 이유로 파기 환송했다. 파기환송심을 맡은 서울고등법원은 집중 심리를 거쳐 징역 20년 형을 그대로 유지했고, 2013년 4월 26일 대법원은 재상고심에서 이를 확정했다.

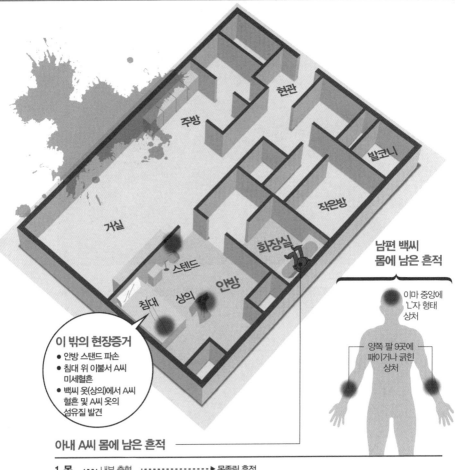

남편 백씨 몸에 남은 흔적

- 이마 중앙에 'ㄴ'자 형태 상처
- 양쪽 팔 9곳에 패이거나 긁힌 상처

이 밖의 현장증거

- 안방 스탠드 파손
- 침대 위 이불서 A씨 미세혈흔
- 백씨 옷(상의)에서 A씨 혈흔 및 A씨 옷의 섬유질 발견

아내 A씨 몸에 남은 흔적

1. 목	···· 내부 출혈 ················	▶ 목졸림 흔적
2. 얼굴	··· 얼굴과 몸에 멍자국 ·········	▶ 폭행 및 다툼이 있었다는 흔적
3. 손	··· 손톱 밑에서 백씨 DNA발견	···▶ 남편 팔 저항흔(상처) 원인으로 추정
4. 눈	··· 오른쪽 눈 밑으로 흐른 혈흔	··▶ 사후이동 흔적(고개는 왼쪽으로 기울어져있음)
5. 머리	··· 정수리에 1.5cm 찢어진 상처	··▶ 사후이동 흔적(상처는 있었으나 욕조에선 혈흔 없었음)

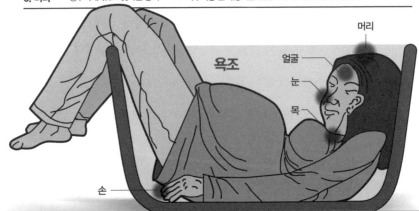

범인 백씨 행적 _____

2011년 1월 13일 오전 9시부터 오후 4시까지 소아청소년과 전문의 자격시
험 1차 시험을 보고 담낭 교수를 찾아가 인사한다.

같은 날 오후 4시 15분 서울 서대문구에서 A씨와 저녁식사를 한다.

같은 날 오후 5시 46분 귀가한 후 A씨와 시험 결과를 이야기하다 다
툰다.

같은 날 저녁 7시 39분부터 1월 14일 새벽 3시 2분까지 인터넷에서 인터넷 커
뮤니티, 판타지 소설, 게임 사이트에 접속한다.

1월 14일 새벽 3시 5분부터 아침 6시 41분까지 A씨를 목 졸라 살해한다.

같은 날 아침 6시 41분 외출하기 위해 집을 나선다.

같은 날 아침 7시 14분 대학 도서관에 입실한다.

같은 날 아침 8시 55분 장모와 전화 통화를 하는 도중 "시험이 어려웠
다"고 말한다.

같은 날 오전 9시부터 오후 5시까지 전화를 받지 않는 바람에 연락이 두절
된다. 백씨의 휴대폰에는 A씨의 직장 동료와 장모한테
서 온 부재중 전화를 포함해 문자메시지가 49통 남겨져
있었다.

같은 날 오후 5시 9분 집으로 돌아와서는 장모에게 전화해 "아내가 욕
조에서 넘어져 죽은 것 같다"고 말한다.

같은 날 오후 5시 11분부터 13분까지 119와 112에 신고해 아내가 사망한
것 같다고 말한다.

아내 A씨 몸에 남은 흔적

목에 내부 출혈 목에 집중한 힘이 가해졌다는 것. '손에 의한 목졸림 질식사'로 판정된다.

얼굴과 몸에 멍 자국 폭행이나 다툼이 있었다는 흔적.

손톱 밑에서 백씨의 DNA 발견 남편 팔에 저항흔이 남은 원인으로 추정된다.

오른쪽 눈 밑으로 흐른 혈흔 발견됐을 당시 고개가 왼쪽으로 기울어져 있던 것으로 보아 사후에 사체가 옮겨진 것이다.

정수리에 1.5센티미터 찢어진 상처 상처는 있으나 욕조에 혈흔이 남지 않은 것으로 보아 사후에 사체가 옮겨진 것이다.

남편 백씨 몸에 남은 흔적

이마 중앙에 니은 자 형태의 상처가 보였고, 양팔 아홉 곳에 깊게 팬 상처와 긁힌 생채기가 있었다.

그 밖의 현장 증거

안방 스탠드가 파손돼 있었고, 침대 이불에서 A씨의 미세 혈흔이 나왔다. 백씨 상의에선 A씨의 혈흔과 A씨 옷의 섬유 조각이 발견됐다.

부검

연관성과 논리를 유지해야 힘을 발휘하듯
증거도 '뭉쳐야 이긴다'

"국립과학수사연구원 수장이 직접 현장에 간 건, 당시로선 파격이었죠."

이윤성 서울대 의과대학 법의학교실 교수는 2011년 '마포 만삭 의사 부인 살해 사건' 당시 서중석 국립과학수사연구원 원장이 보인 이례적 행보를 사건 해결의 의미 있는 시작점으로 꼽았다. 국립과학수사연구원 법의관이 사건 현장의 구조와 분위기를 직접 살피는 게 사진 같은 기록물을 보는 것보다 효과적인 것은 사실이다.

하지만 인력 부족이나 업무 영역을 넘어선다는 이유 때문인지 현실에서는 거의 이뤄진 적이 없었다는 게 그의 얘기다. 그만큼 서원장의 행보는 의미심장했다.

"서원장은 그날 그곳에서 다양한 '경우의 수'를 직접 머리에 그려볼 수 있었을 겁니다."

실제 서원장은 당시 국립과학수사연구원으로 돌아와서는 분야별 실무자를 한자리에 불러 모아놓고 팀플레이를 제안했다. 사건과 관련한 영역별 증거 분석 결과를 수시로 공유해가며 '증거의 연쇄 고리'를 갖춰야 나중에 법정에서 증거 효력을 극대화할 수 있다는 판단에서다. 과거 '치과의사 모녀 살인 사건'(1995년) 때처럼 증거가 부족한 탓에 결국 미제 사건이 된 아픔을 겪지 않으려는 조치였다. 국내 대표적 법의학자인 이교수 또한 사건 초반부터 자문 교수로서 팀플레이의 한 축을 맡았다.

특히 이교수는 '비장의 카드'를 내세운 피의자 백씨 측과 재판정에서 격돌했던 때를 또렷이 기억하고 있었다. "피해자 A씨가 의식을 잃고 넘어져 질식해 숨졌다"고 주장했던 백씨 측은 캐나다 토론토대 법의학센터장인 마이클 스벤 폴라넨 박사를 데려와

** **치과의사 모녀 살인 사건:** 치과의사인 아내와 딸을 목 졸라 살해하고 불을 지른 혐의로 구속된 외과의사 이도행 씨는 2003년 2월 8년 만에 무죄 확정판결을 받고 풀려났다. 이 사건은 직접증거가 없었고, 사망 시각 역시 분명치 않았다. 모녀 사망과 화재 발생 시각이 남편이 출근한 아침 7시 전이냐 후이냐에 따라 범인이 남편인지 제삼자인지 갈렸다. 간접증거와 정황만으로 재판을 하다 보니 재판부마다 다른 판결을 냈다.

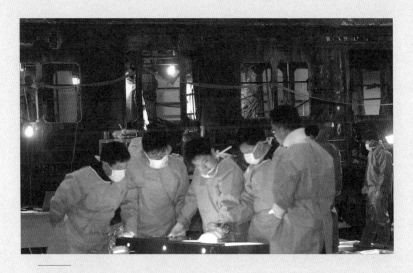

2003년 대구 지하철 방화 사건 당시 국립과학수사연구원 직원들이 참사 현장을 찾아 희생자 시체와 유류품을 감식하고 있다. 사진 류호진

자신들의 주장을 뒷받침하려 했다. 폴라넨 교수와 법정 진술로 맞붙어야 했던 이교수는 치열한 싸움을 준비했다.

"사건 초기부터 법정 다툼의 경우까지 고려해 모은 '증거 연쇄 고리'의 힘이 있어 상대 교수의 논리를 깨는 데 큰 무리가 없었습니다."

폴라넨 교수는 법정에 나와 '이상 자세에 의한 질식사'에 관해 쓴 자신의 논문을 근거로 사고사 가능성을 주장했다. 하지만 이교수와 수사기관이 부검 결과와 여러 증거에 토대해 반박하자 "이 사건에 논문을 직접 인용하는 건 부적절한 것 같다"고 인정했다. 언론에서는 이를 '한국 과학수사의 한판 승리'라고 할 정도였다.

이교수는 마지막으로 법의학계에 인적 자원이 부족한 현실을 아쉬워하며 말을 맺었다.

"법의관이 현장을 직접 살펴보는 게 정말 중요한 과정인데도, 여전히 사건 현장을 찾는 법의관을 보기 어렵습니다. 당장 법의학자 수를 늘릴 순 없지만, 정부 차원에서 법의학, 법과학자 등 과학수사에 필요한 인재를 양성할 시스템을 갖추는 게 우선이에요."

2

양양 일가족 방화 사건

일가족 자살로 꾸미려 했지만,
음료수병에서 수면제 성분 딱 걸려

지나간 성탄절의 축복과 다가올 신년의 설렘이 공존하던 2014년 12월 29일. 강원 양양 현남면 정자리 가마골에 사는 주부 박 모 (38세) 씨와 자녀들에게 그날은, 끔찍하고 참혹한 하루였다. 밤 9시 40분, 강원지방경찰청 광역과학수사팀(속초권) 홍종현 팀장과 최형준 경사에게 화재 발생 신고가 접수됐다.

마을 전체라고 해봐야 십여 가구가 전부인 조그만 동네, 그곳에서 유달리 외딴 곳에 자리 잡은 박씨 집이 갑작스런 화마에 속수무책으로 무너지고 있었다. 칠흑같이 어두운 밤, 늘어선 소방차들의 불빛과 솟구치는 잿빛 연기를 보며 마을 주민들이 "이걸 어째" 깊은 탄식을 내뱉었다.

홍팀장 등 수사팀이 현장에 도착한 밤 10시 20분쯤, 박씨의 큰 아들(13세) 주검이 들것에 실려 나왔다. 2층 주택에서 1층에 세 들어 살던 가족은 마침 집을 비워 피해를 면했지만, 2층에 살던 박씨와 세 자녀(아들 둘, 딸 하나) 일가족은 참변을 피할 수 없었다.

살아남은 이는 아무도 없었다. 마당에는 어떤 폭발의 힘으로 튕겨 나간 듯한 2층 안방 창틀과 유리창이 산산조각 난 채 흩어져 있었다. 불이 시작된 곳으로 추정되는 2층은 시커먼 연기가 자욱했다.

홍팀장과 최경사가 곧장 집 안으로 들어갔다. 큰불은 잡혔지만 잔불이 여전히 남아 있는 상태였다.

"화재 현장은 증거가 불타거나 진화 과정에서 훼손되기 쉬워, 초기 모습을 기록에 남기는 게 급선무였습니다."

홍팀장이 말했다. 실수로 생긴 화재인지, 누군가 고의로 지른 방화인지를 알려면, 다 타버리기 전에 남은 모습을 하나라도 더 보고 기록해야 했다. 그리고 그 기록에서, 발화부 위치나 시신 배열 같은 작은 힌트를 얻어 '왜 화재가 발생했는지' 답을 찾아내는 게 이들의 임무이자 목표였다.

현장은 암흑이었다. 당장 새까만 연기가 앞을 가려, 1미터 앞이 겨우 보일까 말까 했다. 매캐한 연기가 코를 찔렀고, 발목까지 차오른 진화용 소방 용수 때문에 발을 쉽게 디딜 수도 없었다. 설상가상 방진마스크 등 장비를 제대로 갖추지 못한 탓에 그곳에서 버틸 수 있는 시간은 길어봐야 5분이었다. 최경사는 손전등을 비추며 연신 카메라 셔터를 눌렀고, 홍팀장은 시신이 발견된 모습과 위치를 소방관에게 물어나갔다.

화재의 원인은 당장 알 수가 없었다. 창틀이 밖으로 튕겨나갈 정도였다는 점을 감안해 가스 폭발을 의심했지만, 가스 밸브와 가스선에는 이상이 없었다. "'박씨가 평소 생활고와 우울증에 시달렸다'고 증언하는 주민이 있어 자녀를 살해한 후 본인도 자살했을 가능성을 생각해봤지만, 뒷받침할 만한 근거가 없었다. 무엇 하나 확실하지 않았다.

12월 30일 오전 1시, 시신 검시가 시작됐다. 정확한 사인을 밝혀내기 위해 외표外表 검사를 먼저 실시한다. 시신에 상처나 골절이 있는지, 코에 그을음이 있는지, 입안에 음식물이 있는지 등 시신 외부를 살피는 검사다. 망자들의 코에 집어넣은 면봉에서 '매煤'(호흡기에 검게 달라붙은 그을음)가 공통적으로 묻어 나왔다. 코 등 호흡기로 숨을 쉬는 순간 그을음이 들어갔다는 말이 되니, 불이 난 이후에도 살아 있었다는 '활력징후vital sign'에 해당한다. 화재에 의한 질식사였다.

박씨와 딸(9세)의 시신 발바닥과 발등에선 검은 재가 묻어 나왔다. "불길을 피해 움직였다는 뜻"이라고 홍팀장은 해석했다. 특히 딸의 눈에는 붉은 가로선의 흔적이 또렷이 남아 있었다. '불길을 피해 움직이기 직전까지' 가까운 거리에서 활활 타오르는 불길을 뜬 눈으로 지켜보다 입은 화상이었다.

"아홉 살 소녀의 두 눈에 비친 불길은 얼마나 뜨거웠을까."

검시 요원 중 누군가 혼잣말을 내뱉었다. 마침 현장 감식에서 봐두었던 장면이 홍팀장의 머릿속을 스쳐 지나갔다. 거실에서 주검으로 발견된 두 아들. 그중 이불을 덮은 채 숨을 거둔 큰아들은 오른쪽 허벅지에서 액체가 흐른 듯한 물결무늬 화상인 '물결흔'이 포착됐다. 일반적으로 물결흔은 사람 몸에 기름을 직접 뿌린 상태에서 불이 붙었을 때 나타나는 현상이다. '누군가 이불을 덮은 아이에게 휘발유 같은 기름을 뿌린 뒤 불을 붙였다'는 추정이 가능했다. 홍팀장은 어느 정도 판단이 섰다.

'어떤 부모도 이렇게 참혹히 아이들을 죽일 수는 없다.'

시신이 발견된 모습과 장소도 뭔가 이상했다. 보통 부모가 자녀와 함께 죽는 길을 택할 경우 가족이 한곳에 모여 있기 마련인데, 두 아들은 거실, 모녀는 작은방에 흩어져 있었다. 또 화염에 휩싸여 고통을 느낀 이들은 본능적으로 출구를 향하는데, 피해자 박씨와 딸은 창문이 가로막히고 출구가 없는 작은방으로 대피했다. 출입문이 잠겨 있지 않았다는 점도 통상의 자살 현장과는 달랐다. 타살 쪽으로 무게중심이 서서히 움직이고 있었다.

"제삼자가 방화했을 가능성을 입증할 단서가 절실히 필요했습니다."

12월 30일 오전 9시부터 다시 현장 감식이 이뤄졌다. 경험상 답은 현장에 있었다. 2층 거실은 뼈대만 남은 소파와 바닥에 널브러진 텔레비전, 타다 만 가재도구와 옷가지가 흩어져 난장판이었다.

바닥에 흥건한 물을 바가지로 퍼내고, 소형 삽으로 바닥에 들러붙은 재를 긁어냈다. 몇 시간 작업 끝에 발화점으로 추정되는 주황색 전기장판이 모습을 드러냈다. 전기선에 문제가 없는 것을 보면 전기 불량 탓에 화재가 났을 가능성은 없었다.

한순간 휘발유 냄새가 과학수사 요원들의 코끝을 스쳤다. 혹시나 하고 장판을 들친 최경사의 손에 미끌미끌한 기름이 만져졌다. 거실과 안방에서 채취한 액체로 간이 실험을 한 결과, 기름 성분 감지기에서 양성 반응이 나왔다. 역시나 방화였다, 살인이었다.

경찰은 박씨의 남편을 수사 선상에 먼저 올렸다. "불이 나기 전, 멀리 떨어져 사는 남편과 시동생이 박씨 집을 방문했다"는 목격자의 진술을 확보했다. 이어 화재가 일어나기 몇 시간 전인 오후 2시쯤, 남편이 박씨 집을 찾아와 세 자녀와 장을 보고는 오후 4시 30분쯤 집을 떠난 사실이 확인됐다. 아이들을 보고는 곧장 강릉 집으로 돌아갔다는 남편의 알리바이는 폐쇄회로 TV 영상으로 입증됐다.

단서는 의외의 곳에서 드러났다. 박씨의 친한 친구인 가정주부 이 모(41세) 씨의 경찰 진술에서였다. 둘은 초등학교 학부모 모임에서 만나 친해진 사이였다. 이씨는 이렇게 진술했다.

"죽은 박씨는 내게 1400만 원 빚을 질 정도로 생활고가 심했고, 남편과의 불화로 우울증에 시달렸다."

그러던 이씨가 갑자기 묻지도 않은 '휘발유'를 언급하며 사망

원인을 자살로 몰아가려는 태도를 보였다. "박씨를 구하러 다섯 번이나 집 안에 들어갔다"는 진술도 현장에 출동했던 소방관의 증언과 달랐다. 경찰의 의심은 짙어가는데, 조사받는 내내 친구의 죽음을 슬퍼하는 기색조차 보이지 않았다. 느낌이 왔다.

물증도 나왔다. 2015년 1월 2일 오후 국립과학수사연구원에서 "네 가족의 시신에서 수면제 성분인 졸피뎀이 검출됐다"는 감정 결과를 보내왔다. 피해자 박씨는 평소 수면제를 처방받은 적이 없었다. 반면 친구 이씨가 화재 당일 오후에 졸피뎀 성분이 포함된 수면제 28알을 약국에서 구입한 기록을 경찰은 확보하고 있었다. 마침 화재 현장의 현관과 계단에서 발견된 맥주병과 음료수병에서 졸피뎀 성분이 검출됐다.

추가 증거도 이씨를 범인으로 지목했다. 과학수사 요원들이 신발장 다섯째 칸에서 발견한 차용증과 거래내역서에는 박씨가 친구 이씨에게 1880만 원가량을 빌려준 내역이 나왔다. '자신이 돈을 빌려줬다'는 이씨의 진술과는 상반되는 내용이었다. 여기에 피해자의 휴대폰과 라이터, 기름통 등 다른 증거도 잿더미 속에서 모습을 드러냈다.

이씨가 친구 박씨에게 빌린 돈을 갚지 않으려 수면제를 탄 맥주와 음료수를 네 가족에게 먹인 후 휘발유를 뿌려 방화한 것이었다. 멀리 떨어져 사는 남편이 방문한 때를 노릴 만큼 범행은 계획적이었다.

범행을 저지른 후 보인 행적 또한 형사들의 기를 차게 했다. 이씨

2층 주택의 현관에서 나온 음료수병에서 졸피뎀 성분이 검출됐다. 사진 강원지방경찰청

는 범행 직후 차를 타고 사건 현장을 벗어나 3.5킬로미터(차로 7분) 떨어진 현남파출소 부근에서 2분가량 기다렸다가, 마치 화재가 나는 것을 예상했다는 듯이 곁을 지나던 소방차를 따라 화재 현장을 다시 찾았다. 이씨는 소방관의 만류에도 "집 안에 사람이 있어요, 살려주세요"라고 절규하며 화재 현장에 함께 들어가려 했다. "이미 죽은 것을 알면서도, 범행을 감추기 위해 알리바이 액션을 취한 것"이라고 경찰은 말했다. 이씨는 피해자의 유가족에게 "박씨에게 돈을 빌려줬다"라며 대신 갚으라고 요구하기도 했다. 경찰은 치를 떨었다.

"사람이 아닌 악마가 있죠. 느껴보셨나요?"

이씨의 방화는 처음이 아니었다. 사건이 일어나기 사흘 전 강릉에 사는 내연남을 상대로 수면제를 먹이고 불을 질러 살해하려다 미수에 그친 사실이 경찰 조사에서 드러났다. 내연남의 사망 보험금을 받기 위해 보험금 수령자를 본인으로 바꾼 지 사흘 만이었다. 당시 내연남이 화상을 심하게 입은 데다 많은 수면제를 복용해 단기 기억상실에 빠진 탓에 이씨의 범행이 드러나지 않았을 뿐이었다. 게다가 이씨에게는 최근 5년간 1년에 한두 번은 화상 치료를 받은 기록이 남아 있었다. 형사들은 서로 되물었다.

"보통 사람이 평생 한 번 입을까 말까 한 화상을 매년 내내 겪은 것이 과연 우연일까."

경찰은 이씨를 건조물 방화 치사 및 강도 살인 혐의로 구속해 재판에 넘겼다. 1심과 2심 법원은 혐의를 모두 인정해, 그녀에게 무기징역을 선고했다. 2000만 원 채 안 되는 돈이, '일가족이 처참히 죽어야 했던' 이유였다.

네 가족의 시신이 발견된 양양 화재 현장

폭음과 함께 안방 창틀 및 유리창 튕겨져 나감

안방 발화지점 문 안쪽에서 휘발유 발견

장롱

안방

작은방

주부 박모 (38)씨

딸 (9세)

주방

TV

전기장판

식탁

막내아들 (6세)

쇼파

거실

큰아들 (12세)

화장실

거실 발화지점 전기장판 밑에서 휘발유 발견

2층

현관

계단

1층

졸피뎀 성분이 검출된 박모씨 집 2층 현관의 음료수병.

강원경찰청 제공

범인 이씨의 사건 당일(2014년 12월 29일) 행적 _____

오후 2시 11분 강원 강릉의 한 약국에서 졸피뎀 성분이 들어간 수면
제 28알을 구입한다.

오후 3시 42분 강릉 주문진의 한 마트에서 음료수 4병, 병맥주 1병,
캔맥주 2캔을 구입한다.

저녁 7시 59분 피해자 박씨에게 전화를 한 뒤 박씨 집을 찾아간다.

밤 9시 30분(경찰 추정) 수면제를 탄 맥주와 음료수를 박씨와 세 자녀에
게 마시게 한 뒤 거실과 안방에 휘발유를 뿌려 방화한다.

밤 9시 42분 사건 현장을 벗어나 양양 현남파출소 근처에서 2분간
대기하다가, 출동하는 소방차를 따라 화재 현장으로 다
시 돌아온다. "집 안에 사람이 있다"고 절규하며 화재
현장에 들어가려 한다.

화재 감식

시체 콧속에서 그을음이 나왔다는 건
화재 당시 살아 있었다는 징후

화마가 휩쓴 자리에는 잿더미가 남는다. 그 안에서 죽음의 실마리를 찾아내는 것이 과학수사다.

강원지방경찰청 속초권 광역과학수사팀은 매년 100여 건의 화재 현장에 출동해 혹시 모를 흔적을 찾고 있다. 그중 방화로 밝혀지는 것은 5~10건이다. 홍종현 팀장은 "화재 현장은 이미 불에 다타버려 증거를 찾기도 쉽지가 않다"고 말했다.

화재 현장에서 가장 중요한 것은 현장 복원이다. 화재를 진압하기 위해 소방 용수를 뿌리고 도끼로 물건들을 끄집어내다 보면 현장은 아수라장이 될 수밖에 없다. 물건이 남아 있기라도 하면 다행이다. 대형 화재가 나면 굴삭기를 동원해 건물을 부수거나 파묻는 경우도 종종 있다. 아예 전소되면 감식의 난도가 불가능에 가까워진다.

따라서 요원들은 초기 현장의 모습을 조금이라도 더 담기 위해 안간힘을 다한다. 안전 장비를 제대로 갖추지 못한 채 독한 연기 속으로 뛰어들기 일쑤다. 2016년부터 안전 헬멧이 과학수사 요원에게 배포됐지만, 여전히 화재 현장에 들어가는 것은 위험한 일이다. 겁이 나지 않는 것은 아니다. "경찰이니까 들어가죠. 누가 대신할 수 없잖아요"라고 홍팀장은 말했다.

화재가 시작된 발화점을 추적하는 일은 기본 중 기본이다. 주택 화재는 불이 아래에서 상층부로 올라가는 경우가 많은데, 불이 번져가는 속도와 진행하는 패턴을 확인하면서 불이 타 들어간 방향을 쫓아나간다. 산불은 타다 남은 나무에서 보면 불이 더 많이 탄 면이 발화점을 향한다.

발화점이 일반적으로 가장 많은 재를 남기는 법이지만, 기름 성분으로 방화한 사건은 워낙 순식간에 불길이 치솟아 발화점을 찾기 어려운 경우가 많다. 정확한 확인을 위해 현장에 가득 찬 물을 퍼내고 재를 긁어내는 것도 과학수사 요원의 몫이다.

화재 사고가 나 발견된 시신은 불에 타 오그라들면서 권투 선수 같은 '투사형 자세'를 취한다. 그런 시신을 감식할 때 가장 중요한 것은 화재 당시 생존 여부를 가려줄 활력징후를 찾는 일이다. 가령 기도에 검은 그을음이 달라붙어 있지 않다면 누군가 살인을

2017년 12월 22일 오전 대형 참사를 빚은 충북 제천 스포츠센터 화재 현장에서 경찰, 국립과학수사연구원, 소방 당국이 현장 감식을 하고 있다. 사진 류효진

저지른 후 사인을 은폐하려 방화했을 가능성이 크다. 그 반대라면 화재 당시 피해자가 생존해 있었다는 것을 뜻한다. 시신의 발에 묻은 재는 피해자가 화재 중에 이동했다는 사실을 알려주고, 화상 흔적이 물결무늬로 난 '물결흔'은 누군가 직접 시신에 기름을 뿌려 방화했다는 것을 뜻한다.

광역과학수사팀 사무실에는 '모든 접촉은 흔적을 남긴다'는 문구가 곳곳에 걸려 있었다. 최형준 경사는 양양 일가족 방화 사건이 발생한 2014년 12월을 이렇게 떠올렸다.

"당시 네 가족이 억울하게 죽은 것에 화가 나 잠도 제대로 못 잤습니다. 죽은 사람이 범인을 알리려고 그랬나 싶을 정도로 온갖 증거물이 현관 주위에 모여 있었어요. 그것을 통해 억울한 죽음을 밝히게 돼 다행이었습니다."

3

서울 광진구 주부 성폭행 사건

범행 당일 감옥에 있던 사람이
어떻게 성폭행을 저질렀을까?

2012년 8월 이후 서울 광진구 일대에서 살인이나 강간 사건
이 빈번히 발생하면서 주민들은 강력 범죄 포비아(공포증)에 휩
싸였다.

벌건 대낮에 가정집에 침입해, 30대 주부를 성폭행하려다 살해
까지 한 '서진환 사건'이 결정적 계기가 됐다. '서울 변두리라서
그런지, 무법천지가 아닌가 불안하다'는 주민, 특히 여성들의 호

** **서진환 사건:** 2012년 8월 서울 중곡동의 한 가정집에서 서진환은 한 가정주부를 성
폭행하려다 살해했다. 범인이 전자발찌를 찬 성범죄 전과자이고 사건 발생 13일 전
똑같은 방식으로 면목동의 또 다른 여성을 성폭행한 사실이 밝혀지자, 검경 사이의
범죄자 DNA 공조와 전자발찌의 실효성이 논란이 되었다.

소가 줄을 이었다.

낡은 주거 환경은 이들의 불안감을 더욱 키웠다. 일대 단독주택 지역에, 차 한 대가 간신히 지나갈 정도밖에 안 되는 좁은 골목길 양옆으로 다닥다닥 붙어 있는 붉은 벽돌집들은 한 사람이 설계해 지은 것처럼 생김새가 비슷했다. 지은 지 20~30년은 족히 됐을 집들은, 대문 밖에서 성인 남자가 까치발로 서면 1층 내부가 훤히 보일 만큼 보안에 취약했다. 대문 옆 벽에는 도시가스 배관이 보통 대여섯 가닥씩 뻗어나가 있었다. 한 가구씩 반지하부터 2, 3층까지 연결된 배관은, '가스 배관을 타고 가정집에 침입했다'는 뉴스를 보는 주민들의 가슴을 더욱 철렁하게 했다.

2013년 3월 14일 오후 2시. 일대를 관할하는 서울광진경찰서에 강도 신고가 한 건 접수됐다. 1층 창문을 통해 집 안으로 들어온 범인이 안방에서 갓난아기와 함께 잠자던 30대 주부를 위협해, 현금 48만 원과 금반지 등 귀금속을 강탈해 간 사건이었다. 당시 당직을 서다 신고를 접수한 강력5팀 형사들은 '낮 시간에 치안이 허술한 집을 노린 평범한 사건' 정도로 생각했다.

출동한 형사와 과학수사 요원들은 늘 그래왔듯, 집 구석구석을 분주히 살피며 범인이 남겨놓았을 '단서'를 찾아나갔다. 엄재광 당시 5팀장은 피해자 주부 K씨와 대화에 나섰다. 범행 당시 상황과 빼앗긴 금품에 대한 설명을 한참 듣고 막 돌아서려는 순간, 그는 "느낌이 이상했다"고 한다. 수많은 사건 현장을 다니는 동안 축적된 형사의 직감이다.

"일반적인 강도 피해자에게서는 잘 안 보이는 공포감 같은 게 보였죠."

말하지 않은, 아니, 말할 수 없는 그 무언가가 있다는 감이 들었다.

사건 소식을 듣고 달려온 피해자의 가족들을 일단 다른 방으로 보내놓고 나니, 그제야 K씨는 밝히지 않은 사실을 털어놓았다. 성폭행 여부를 묻는 질문에, 극도의 불안감에 몸을 떨던 그녀는 고개를 아래위로 조심스레 흔들었다.

피해자의 진술을 받은 여경이 파악한 내용은 충격적이었다.

"아기랑 자고 있는데 누군가 창문에서 쳐다보는 것 같아 무서워서 깼어요. (범인이) 화장대에 놓인 가위를 들어 아기에게 겨누면서 '애가 안 다치게 하려면 조용히 하라'고 한 후 범행을…."

수사팀은 일단 갓난아기를 볼모로 삼아 범행을 저질렀다는 사실에 격분했다.

서둘러야 했다. 타액이나 정액 같은 범인의 체액, 사건의 결정적 증거가 사라지기 전에 찾아내야 했다. 그러나 K씨 집에서 발견된 것은 1층 창틀 밖에 묻은 장갑 흔적과 벽을 딛고 움직일 때 찍힌 족적이 전부였다. 현장 감식에 나선 권준철 경사는 증거를 수집하느라 애를 먹었다.

"범인의 것으로 보이는 머리카락 몇 올이 나왔지만, 성폭행의 증거로 제시하기는 쉽지 않았습니다. 범인이 현장을 떠날 때까지 장갑을 벗지 않아서 지문 하나 남지 않았습니다."

범행 전 철저한 준비를 거쳤다는 뜻이었고, 초범은 할 수 없는 상습범 특유의 '현장 관리'였다.

결정적인 단서는 K씨의 진술에서 나왔다.

"범인이 자기 몸을 닦은 아기 포대기(작은 이불)를 가져갔어요."

수사팀이 다시 분주해졌다. 증거물을 인멸하기 전에 찾아야 했지만, K씨 집 주변에는 안타깝게도 폐쇄회로 TV가 없었다.

수사팀은 반경 300미터에 있는 모든 폐쇄회로 TV를 다 뒤졌다. 그제야 범인 모습이 흐릿하게 찍힌 영상 두어 개를 확보할 수 있었다. 하나는 포대기를 든 채로, 또 하나는 빈손으로 이동하는 모습이었다. 그사이에 포대기를 버린 것이다. 버린 포대기를 최대한 빠른 시간 안에 찾아야 했다.

인근 쓰레기통은 물론 다른 집 마당이나 외진 골목에 버리지는 않았는지 샅샅이 뒤졌지만, 포대기는 쉽게 나오지 않았다. 그때 권경사가 "의류 수거함에 버렸을지도 모른다"는 얘기를 했다.

"그래, 의류 수거함."

수사팀 모두가 고개를 끄덕였다. 엄팀장은 모두에게 지시를 내렸다.

"평소에는 잘 보이지도 않던 의류 수거함이 왜 그리 많은지…. 강력팀 형사들이 구청 직원을 불러서 함께 의류 수거함을 20개 가까이 열고 뒤졌습니다."

해가 막 질 무렵, 구청 차량으로 옮겨지기 직전에 한 의류 수거함에서 포대기가 발견됐다.

"됐다!"

K씨 집에서 수거한 증거물에 대한 감식을 의뢰하기 위해 공문을 작성하던 권경사는 수사팀이 가져온 포대기를 보고 안도했다. 바로 국립과학수사연구원에 다른 증거물과 함께 감식을 의뢰했다.

"일선 경찰서에는 사람의 체액을 확인할 자외선 검출기가 없어 채취를 못 했어요. 어쩔 수 없이 포대기를 통째로 멸균 포장해 보내야 했습니다."

수사팀은 일단 한시름을 놓았다.

이틀 후인 3월 16일 오전, 국립과학수사연구원에서 DNA 감식 결과가 도착했다. '1970년생 김민재와 유전자가 일치한다'는 내용이었다. 다행히 일치하는 유전자가 이미 확보돼 있었다는 말이다. 수사에 속도가 붙었다.

하지만 권경사가 감정 결과를 수사팀에 전달한 지 1시간쯤 흘렀을 때, 수사팀에서 뜻밖의 말을 전해 왔다.

"조회해보니 김민재는 2009년에 수감돼 지금도 감옥에 있다고 나옵니다."

수사팀은 혼란스러웠다. 몇 번이고 반복해 범죄자의 신원을 조회했지만 똑같은 결과가 나왔다. 범인을 다 잡았다고 생각했던 엄팀장은 국립과학수사연구원의 유전자 감식 담당자와 전화 통화

하며 거의 싸우다시피 했다.

"말이 안 된다. 현장에서 확보한 증거다. 피해자도 자기 포대기가 맞다고 했다. 어떻게 감옥에 있는 사람의 유전자가 나올 수 있나. 그쪽에서 잘못한 거다"라고 목소리를 높이면, 반대편에선 "감정은 끝났다. 김민재가 확실하다"는 답이 반복해 돌아왔다. 김민재는 2009년 8월 강도상해로 구속돼 포항교도소에서 복역하고 있었다. 확인한 결과 어떤 형식으로도 김민재는 교도소 밖을 나간 적이 없었다. 지문 감식보다 더 정확하다는 DNA 감식이 틀렸을까. 해결이 불가능할 것 같은 난제에 부딪치자 수사가 공전할지 모른다는 불안감이 감돌았다.

오후 4시 30분쯤, 권경사가 일말의 가능성을 내놓았다.

"혹시 일란성 쌍둥이일지도 모른다."

1970년대 우리나라 전체 인구 가운데 일란성 쌍둥이는 1퍼센트 내외였던 것으로 추정된다. 그것도 쌍둥이 형제 둘 모두가 강력 범죄를 저질렀다면 그 확률은 얼마나 될까. 회의적인 의견이 있었다. 하지만 뭐든지 확인해봐야 했다. 서둘러 인근 동사무소에 수사팀을 보내 가족 관계를 확인하도록 했다.

권경사의 추측이 틀리지 않았다. 김민재에게는 주민등록번호 끝자리만 다른, 쌍둥이 형 김민준이 있었다. 결과적으로 DNA 감식도 틀리지 않았다. 동생의 DNA 때문에 쌍둥이 형의 신원이 드러난 것이다. 과학수사 교과서에나 나올 법한, 전례 없는 사건이었다.

서울 광진구 중곡동 한 주택가에 설치한 의류 수거함. 2013년 중곡동 성폭행 사건의 범인 김민준은 범행의 결정적 증거인 '아기 포대기'를 인근 의류 수거함에 버리고 달아났다. 사진 조원일

엄팀장은 당시를 돌아보며 "정말 간담이 서늘했다"고 말했다.

"생각해보면 동생 김민재가 감옥에 없었더라면, 우리는 김민재를 범인으로 지목하고 수사를 했을 겁니다. 피해자 생각에 격앙된 형사들이 김민준은 놔두고 범행을 부인하는 김민재를 어떻게든 감옥에 넣으려고 했을 텐데…. 생각만 해도 아찔합니다."

범인 김민준은 사건이 발생하고 2주째인 3월 27일, 경북 포항의 한 원룸에서 검거됐다. 별다른 직업 없이 강도와 절도를 저질러 얻은 돈으로 자신의 생활비와 동생의 '옥바라지' 비용을 댔다고 한다.

DNA 증거와 함께 원룸을 압수수색하는 과정에서 나온 증거물을 토대로 경찰의 압박이 이어지자, 김민준은 또 다른 성폭행 사실을 털어놨다. 광진구 사건이 있기 불과 석 달 전인 2012년 12월 16일 서울 종로에서였다. 성폭행을 당한 사실이 가족에게 알려질까 봐 두려워 피해자 A씨는 신고조차 하지 못했다.

전당포에 넘긴 귀금속 등 장물을 추적한 결과 18차례에 걸친 김민준의 '상습 빈집 털이' 범행도 드러났다. 고향인 강원에서 3건, 서울 동대문구에서 14건, 강동구 1건으로 대부분 치안이 취약한 지역이었다. 법정에서 김민준은 성폭행을 한 동기를 묻는 질문에 "피해자가 신고를 못 하게 할 목적"이라고 했다. 오히려 빈집 털이만을 당한 대부분의 여성 피해자는 '큰 위기'를 모면한 셈이었다. 김민준은 2013년 10월 고등법원의 선고가 내려지자 상고를 포기했다. 징역 14년 형이 확정됐다.

광진구 성폭행범의 서울시내 주요 범죄 행적

● 빈집털이
● 성폭행 및 강도

12월 16일
서울 종로구 소재 B씨(당시 43) 집
도시가스 배관을 타고 올라가 주방
창문으로 침입, B씨를 성폭행 한 후
금반지 등 귀금속 강탈

노원

중랑

동대문

종로

중구

성동

광진

강동

용산

서초

강남

송파

광진구 성폭행사건 수사 · 검거…
추가 성폭행 및 빈집털이 범행

3월 14일 광진구 한 주택의 1층 창문을 통해 침입, K씨를
성폭행하고 현금 48만원과 금반지 등을 강탈.

범인의 체액이 묻은 이불을 확보해 국립과학수사연구원
감식을 의뢰한 결과 수감중인 김민재(가명)로 신원 확인.
일란성 쌍둥이로 드러나 경북 포항시의 원룸에서 진범
김민준(가명) 검거. 압수한 증거물 등을 토대로 추궁한
결과 총 18건의 성폭행 및 빈집털이 범행 자백

광진구 성폭행범의 주요 범죄 행적 _____

2012년 12월 8일부터 9일까지 근무하던 강원 삼척의 한 고물상에서 구
리 45킬로그램을 훔친다.

12월 12일 강원 동해의 노상에서 시동이 걸린 채 주차돼 있던
SM520 승용차를 훔친다.

12월 16일 서울 종로에 있는 A씨(43세) 집의 도시가스 배관을 타
고 올라가 주방 창문으로 침입한다. A씨를 성폭행한 후
금반지 등 귀금속을 강탈해 간다.

2013년 1월 7일 서울 동대문구 답십리에 있는 2층 주택의 초인종을
눌러봐 빈집이라는 것을 확인한 뒤, 도시가스 배관을
타고 침입한다. 현금 80만 원과 귀금속을 강탈한다.

3월 14일 광진구 한 주택의 1층 창문을 통해 침입한다. K씨를 성
폭행하고 현금 48만 원과 금반지를 강탈한다. 경찰은
범인의 체액이 묻은 이불을 확보해 국립과학수사연구
원에 감식을 의뢰한 결과, 당시 수감돼 있던 김민재로
신원이 확인된다. 곧 일란성 쌍둥이라는 사실이 밝혀지
면서 쌍둥이 형의 범행이라는 것이 드러난다. 경찰은
포항의 원룸에서 진범 김민준을 검거한다. DNA 증거
와 압수한 증거물을 토대로 추궁한 결과, 총 18건의 성
폭행과 빈집 털이 범행을 자백한다.

DNA 감식

1나노그램, 스치기만 해도 남는다

2012년 서울 광진구의 어느 가정집 절도 사건 현장. 범인은 현장 어디에도 지문을 남기지 않았다.

침입을 위해 창문을 부순 도구는 '빠루'라 불리는 노루발 못뽑이였다. 현장에 출동했던 과학수사 요원이 훼손된 자물쇠를 자세히 들여다보다가 멸균 면봉으로 창문 둘레를 조심스레 닦았다. 국립과학수사연구원의 감식 결과는 '면봉에서 범인의 DNA가 검출됐다'는 것이었다.

당시 현장에서 면봉을 꺼내 들었던 서울광진경찰서 과학수사계 권준철 경사는 이렇게 설명했다.

"창문이 망가진 정도를 보고 범인이 빠루에 힘을 가했을 때 창문이 튀어 나오듯 열렸을 거라고 생각했습니다. 여름이라 반팔을 입고 있었을 범인의 팔뚝과 창문이 닿았을 가능성이 높다고 봐서 접촉됐을 창문 둘레를 추정해 채취에 나선 겁니다."

범죄 증거로 DNA 감정 결과물은 독보적이다. 광진구 주부 성폭행 사건처럼 일란성 쌍둥이라는 극히 드문 사례를 제외하면, 지구상에 있는 모든 사람의 신원을 개별 DNA 분석으로 바로 식별하는 것이 가능하다.

이에 따라 국립과학수사연구원은 1991년부터 DNA 분석을 전담하는 부서를 마련하고, 관련 기술을 개발해왔다. 2010년엔 DNA법(DNA 신원확인정보의 이용 및 보호에 관한 법률)이 시행됐다. 성폭력 범죄 등 특정 범죄의 현장에서 채취한 DNA를 데이터베이스화 하면서 활용이 가능해진 것이다.

DNA는 아데닌adenine·A, 구아닌guanine·G, 시토신cytosine·C, 티민thymine·T의 염기로 이뤄진 뉴클레오티드nucleotide가 이중나선형 구조를 이루고 있는 유기물을 말한다. 사람은 세포 하나에만 30억 개 상당의 뉴클레오티드가 들어 있는 것으로 알려져 있다.

유전 정보를 가진 DNA는 전체의 10퍼센트 정도에 불과하고, 나머지는 A, G, C, T 염기가 특정 패턴을 이루며 반복되는 경향을 보이는 것으로 파악된다. 특히 이 패턴은 일란성 쌍둥이를 제외하고는 사람마다 각기 조합이 달라서, 범죄자의 신원 정보를 파악하

감 정 서(예시)

국 과 수	접수 **2017-0000** 호 　　(2016년 ○월 ○일)
의 뢰 관 서 ○○○ 지방경찰청	형사과-0000 　　(2016년 ○월 ○일)

감 정 물　증1호: 식당 개수대에서 수거한 담배꽁초(에쎄 프라임) 1점
　　　　　증2호: 식당 개수대에서 수거한 담배꽁초(에쎄 프라임) 1점

감정결과　1)증1호, 증2호 식당 개수대에서 수거한 담배꽁초(에쎄 프라임) 2점에서
　　　　　동일한 남성의 디엔에이형이 검출되며, 이를 현재까지 수록된
　　　　　˝디엔에이신원확인정보 데이터베이스˝에서 검색한 결과 구속피의자
　　　　　(식별코드 2011*********)의 디엔에이형과 일치함.
　　　　　※이와 같이 일치된 디엔에이형 개인식별지수는 한국인 집단에서 2.0×10^{15}

비　　고　1)개인식별지수란 감정물의 디엔에이가 동일인으로부터 유래되어서 디엔에이형이
　　　　　일치할 확률 대 다른 사람으로부터 유래되었으나 우연히 디엔에이형이 일치할 확률의 비임
　　　　　2)디엔에이신원확인정보의이용및보호에관한법률에 따라 신원이 확인된 본 건 관련
　　　　　범죄현장 증거물의 디엔에이형은 데이터베이스에서 삭제하겠음
　　　　　3)감정물은 시험에 전량 소모하였음

국 립 과 학 수 사 연 구 원

국립과학수사연구원이 일선 경찰에 보내는 감정서의 예시.

국립과학수사연구원이 범죄 현장에서 발견된 DNA를 분석하는 데 사용하는 자동 DNA형 분석기. 유전자증폭기가 중합효소 연쇄반응(DNA의 특정 단편을 선택적으로 증폭하는 분자생물학적 기술)을 이용해 극미량의 DNA를 수억 배까량 증폭하면, 자동 DNA형 분석기가 해당 유전물질을 크기에 따라 분리한 다음 분석해 유전자형을 판독하게 된다. 사진 경찰청

는 등 개인을 식별하는 데 사용된다.

현장에서 극소량의 인체 세포만 확보해도 DNA 식별이 가능

하다. 국립과학수사연구원은 1나노그램(10억 분의 1그램)의 DNA 만 있어도 증폭 과정을 거쳐 얼마든지 분석이 가능하다고 한다.

이런 이유로 일선 과학수사 요원은 "스치기만 해도 DNA가 남는다"고 말한다. 지문 감식보다 효과적일 때가 많다. 현장에서 자주 발견되는 '미끄러진 지문'이나 '부분 지문(쪽지문)'의 경우 융선 간 교차점 등 '특징점'이 분명히 남지 않아 지문 감식이 쉽지 않다. 반면 면봉 같은 장비를 이용해 확보한 세포가 분석 전에 파괴되지만 않는다면 대부분의 경우 DNA 추출이 가능하다.

담배꽁초에 묻은 타액에서는 구강 상피세포를 통해, 지문을 남기지 않으려고 낀 장갑에서는 안쪽 면에 묻은 피부 상피세포를 통해 DNA 감식을 진행한다. 도주 중에 벗겨진 도둑의 셔츠를 작은 조각으로 자른 후 원심분리기를 이용해 시료를 추출해냄으로써, 결국 DNA를 분석해낸 사례도 있다.

당신이 범죄 용의자라면, 경찰이 조사를 하면서 DNA 분석 결과를 내민다면, 범행을 부인해도 아무 소용이 없다는 얘기다.

4

춘천 시신 없는 살인 사건

붓으로 조심조심 바닥을 파내자,
폐가 부엌에서 그을린 뼛조각이

2017년 1월 2일 강원 춘천에는 초속 3.5미터의 남서풍이 불었다. 빗방울이 약하게 날렸고, 기온은 2.8도여서 평년(영하 4.3도)보다 높았다.

밤사이 얼었던 물방울은 낮이 되면 녹았다 해가 지면 다시 얼었다. 김 모(51세) 씨가 자신의 은색 승용차를 타고 오후 2시 50분쯤 오빠의 묘가 있는 D공원묘지에 나타났다. 먼저 온 남편 한 모(53세) 씨는 검은색 승용차 안에서 김씨를 기다리고 있었다.

그리고 김씨가 사라졌다. 묘지에는 까마귀가 울어댈 뿐 인적이 드물었다. 월요일에 묘지를 찾는 사람은 거의 없었다. 묘지에 설치된 폐쇄회로TV에는 오후 3시 25분쯤 한씨가 승용차를 타고 빠져나가는 모습만 찍혔다.

다음 날 묘지 관리인이 "사람은 안 보이고 (김씨의) 은색 차 주변에 많은 피가 있다"며 112에 신고했다. 1시간 뒤 경기 남양주경찰서에 "전날 춘천에 간 엄마가 돌아오시 않고 있다. 새아버지 한씨가 납치한 것 같다"는 딸의 신고가 접수됐다.

주변 사람들은 한씨가 최근 사업이 난항인 데다 집에선 가정폭력을 저지른 점, 김씨 오빠의 묘를 이장하는 비용 문제로 부부 간에 다툰 일을 진술했다. 한씨가 이혼을 요구하는 김씨에 맞서 소송에 들어갔다는 사실까지 더해짐에 따라 모든 정황은 '한씨가 유력한 용의자'라고 말하고 있었다. 그래도 경찰은 확신할 수 없었다. 진술을 빼면 물증이라곤 묘지에서 발견된 다량의 피로 보이는 흔적뿐이었다.

'누가, 누구에게, 무엇을 했는가'라는 무한대에 가까운 빈칸이 강원지방경찰청 과학수사 요원들 앞에 던져졌다. 경찰 안팎에서는 이 사건을 '춘천 시신 없는 살인 사건'이라고 불렀다.

수사의 시작점인 묘지는 최악의 감식 현장이었다. 살인 사건 수사의 '시작과 끝'인 시신이 보이지 않았다. 범인이 상처를 입힌 방법도, 부위도 알 수 없었다. 목격자도 나타나지 않았다. 경우의 수가 셀 수 없이 확장되는 상황이랄까.

"현장의 모든 것이 단서라는 말은 단서가 아무것도 없다는 말과 다를 바 없다."

하소연이 터져 나왔다. 무엇보다 현장이 누구나 흔적을 남길 수 있는, 공개된 야외라는 점이 과학수사 요원의 어깨를 짓눌렀다.

그나마 기댈 건 혈흔이었다. 요원들은 "단초가 되기를" 기대했다. 혈흔은 세 곳, 즉 묘지 꼭대기에서 내려오면 두 번째 구역인 곳의 진입로와 인근 벤치, 잔디밭에서 발견됐다. 현장 감식을 지휘한 권영일 강원지방경찰청 광역과학수사대 1팀장은 주변 반경 10미터 넘은 곳에 폴리스 라인을 둘렀다. 범인의 동선을 가늠할 수 없는 마당에 '현장'을 그보다 좁힐 수는 없었다.

범위가 넓어진 만큼 감식 시간이 늘었다. 피해자의 생사도 모르는 초반 상황에서 4명으로 시작한 감식 인원은 7명으로 증원됐고, 나중에는 강원지방경찰청에서 현장 감식을 할 수 있는 15명 전원이 투입됐다. 폴리스 라인 바깥은 수색견이 일주일가량 훑었다.

"감식 자체를 사건이 발생한 지 하루 지나 시작했고, 그 하루 동안 바람이 강하게 불었습니다."

현장에 투입됐던 감식 담당자가 당시를 떠올렸다. 혹시라도 떨어져 있을지 모를 머리카락 따위는 찾을 확률 자체가 낮았다. 현장에서 담배꽁초 두 개와 씹다 버린 껌을 수거했지만 유력한 용의자인 한씨의 유전자는 나오지 않았다. 다른 누가 다녀갔는지도 모르고, 언제 누가 버린 것인지도 알 수 없었다.

햇빛조차 원망스러웠다. 혈흔 분석 전문가인 김성민 경사가 야외에서 진행하는 현장 감식의 어려움을 말했다.

"새벽에 내린 이슬이나 습기에 젖은 혈흔이 얼었다 녹으면서 형태가 변하고 희석됐습니다."

혈흔은 10도가 넘는 일교차에 얼고 녹기를 반복했다. 피 냄새를
맡았는지 까마귀도 현장을 다녀갔다. 진입로 반대편 연석(도로와
인도 경계석) 위에 녀석의 붉은색 발자국이 남았다. 조류 매개흔(새
들이 옮긴 혈흔)을 본 것은 김경사도 그때가 처음이었다. 사건 단서
와 직접적 연관은 없다는 판단이 들어 별도로 분석은 하지 않았
다. 까마귀가 혈흔 분석을 방해할 만큼 현장을 훼손하지는 않았다
는 것만으로도 안도할 따름이었다.

묘지를 현장 감식한 결과는 예상을 벗어나지 않았다. 직접증거
같은 뜻밖의 실마리가 나타나기를 기대했지만, 1차 결과는 '현장
에 떨어진 혈흔은 김씨의 것'이라는 예측이 맞은 것 말고는 별게
없었다. 1월 4일 남양주에서 발견된 한씨 차량에서 김씨의 혈흔
이 나온 것을 감안할 때, 한씨의 혈흔이라도 찾았다면 혐의를 입
증할 결정적 증거가 될 수 있었다. 한씨에 대한 아무런 단서를 발
견하지 못했다는 점에서, 현장 감식은 '허망했다'. 요원들의 표정
은 어두웠다.

시간이 흘러갔다. 1월 5일 한씨의 내연녀가 붙잡히면서 사건은
새로운 국면으로 접어들었다. 그녀는 사건이 일어난 날 밤 한씨
를 만났으며 한씨의 옷에서 "탄 냄새"가 났다고 진술했다. '살해
후 혹시?' 잔혹한 기운이 드리웠다.

하지만 1월 9일 검거된 한씨는 "묘지에 있을 때 차 안에서 김씨

와 다투면서 때린 것은 맞지만, 내려준 뒤에는 행방을 모른다"는 취지로 부인했다. 한씨의 진술을 반박할 단서를 찾지 못한 요원들은 속이 타 들어갔다.

사건이 일어나고 열흘째 되던 날 또 다른 현장이 나타났다. 재도전이었다.

1월 12일 한씨가 사용한 것으로 추정되는 장갑과 기름통이 강원 홍천의 산골짜기 도로변 하천에서 발견됐다. 홍천과 춘천 일대에서 경찰이 일주일 남짓 한씨의 차량이 찍힌 폐쇄회로 TV 영상을 일일이 분석해 사건 당일 이동 경로를 역추적한 결과물이었다. 탐문 조사를 통해 한씨가 철물점에 들러 장갑과 기름통을 사고, 이후 주유소에서 등유 40리터를 구입한 사실을 파악해둔 상태였다. 동일한 물건이라는 확신이 들었다.

확신대로 장갑 겉에서 김씨 혈흔이, 안쪽에서 한씨 유전자가 검출됐다. 실마리가 마침내 손에 잡혔다. "수사가 한씨 턱밑까지 다다른 순간"이었다. 하천 가장자리에서 불에 타고 크기는 새끼손톱 절반만 한 탄화물 조각이 모습을 드러냈다.

"50센티미터 깊이의 하천에 얼음을 깨고 들어가 꺼낸 조각의 단면 구조를 보고, 사람의 뼈라는 걸 직감했습니다. 김씨 시신을 찾을 수 있겠다 생각했죠."

이미정 광역과학수사대 검시관이 당시 현장을 떠올렸다. 하지만 타버린 뼈는 단백질 성분이 남지 않아 유전자 분석을 할 수 없었고, 당연히 누구의 뼈인지도 알 수 없었다. 두 번째 시도도 그렇게 실패했다.

그때 또 다른 현장이 발견됐다는 연락이 왔다. 김씨가 사용한 것으로 보이는 피 묻은 헤드셋이 장갑이 나온 하천에서 차로 5분 남짓 거리에 떨어진 폐가에서 발견된 것이다. 쓰러져가는 흙벽에 빛바랜 붉은 양철지붕을 이고 있는 폐가에 도착했을 때 해는 이미 저물고 있었다.

이검시관은 폐가에 들어설 때 "기뻤다"고 했다.

"집이 어떻게 생겼는지 돌아볼 여유는 없었지만, 직감적으로 사건의 종결이 보이는 듯했습니다."

현장을 통제한 뒤 김경사와 이검시관이 문짝이 떨어진 맨 왼쪽 입구, 부엌으로 향했다. 시신을 화장했다면 그곳일 가능성이 컸다. 석유 냄새가 났다. 지름 1미터가량의 오른쪽 아궁이에서 시작된 그을음이 천장까지 묻어 있었다. 혈흔 채취를 위해 루미놀(혈흔과 만나면 형광 빛을 내는 시약)을 부뚜막과 바닥에 뿌리자 어둠 속에서 푸른빛이 반짝였다. 피였다.

이검시관은 붓을 들고 바닥을 조심스럽게 파내려 갔다. 아직 타지 않은 근육이 붙어 있는 뼛조각이 나왔다. 한씨의 내연녀가 말한 '한씨 옷에서 난 탄 냄새'의 정체가 드러나는 순간이었다. 권팀장은 "천운"이라고 했다. 폐가에서 현장 감식은 새벽 1시쯤이 돼서야 끝이 났다.

1월 16일 "김씨 유골이 맞다"는 국립과학수사연구원의 정밀

범인이 2017년 1월 2일 김씨 사체를 태운 홍천의 폐가 내 아궁이. 사진 조원일

감식 결과가 나오자 한씨는 마침내 범행을 털어놨다. 공원묘지 벤치에 김씨 머리를 수차례 쳐서 숨지게 한 다음, 폐가 아궁이에 장작을 쌓아 그 위에 시신을 가부좌로 앉혀놓고 기름을 부어 태웠다고 실토했다. 현장 감식을 통해 증거를 찾아낸 과학수사에 한씨가 무릎을 꿇은 것이다. '화장' 장소로 택한 홍천의 폐가는 그전에 한씨가 김씨와 함께 펜션 사업을 하기 위해 둘러본 곳 가운데 하나였던 것으로 알려졌다.

　1심과 2심 재판부 모두 살인 및 사체 훼손·유기 혐의를 인정해 한씨에게 징역 20년을 선고했다.

경찰이 추정한 **피의자 한씨 사건 당일 이동 경로**

폐가, 인근 하천을
거쳐 이동 예상

⑤ 주유소
철물점

① 1월 2일
오후 3시 25분쯤
D공동묘지 출발

⑦ 철정터널 통과
(홍천읍 방면)

⑥ 폐가 ③ ④

오후 5시 10분쯤
철물점 및 주유소 방문

② 철정터널 통과
(인제 방면)

(56)

(5)
춘천
JC

동홍천IC

울~춘천간
고속도로

⑨ 오후 10시 9분
홍천읍 새마을 금고에서
현금 인출

⑧ 오후 10시쯤
홍천읍 만남의 광장 통과

중앙고속도로

홍천강

홍천군청

D공원묘지, 피해자의 혈흔이 발견된 지점

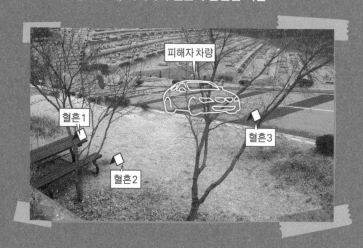

피해자 차량

혈흔1

혈흔2

혈흔3

사건 일지

2017년 1월 2일 오후 2시쯤 용의자 한씨가 춘천의 D공원묘지로 들어
간다.

같은 날 오후 2시 50분쯤 피해자 김씨가 묘지로 들어가 한씨를 만난다.

같은 날 오후 3시 20분쯤 한씨 차량만 묘지에서 나온다.

1월 3일 0시쯤 한씨는 내연녀 A씨를 경기 양평에서 만난다.

같은 날 오전 11시 20분쯤 공원묘지 관리인이 김씨 차량 주변에서 다
량의 혈흔을 발견하고 112에 신고한다.

같은 날 낮 12시 강원지방경찰청 광역과학수사팀이 현장 감식에 착
수한다.

같은 날 낮 12시 40분쯤 남양주경찰서에 "엄마가 실종됐다"는 김씨 딸
의 신고가 접수된다.

1월 4일 오후 2시 30분쯤 남양주에서 버려진 한씨 차량이 발견된다. 경
기북부지방경찰청이 차량을 현장 감식한다.

1월 5일 한씨 내연녀인 A씨를 긴급 체포한다. A씨는 "사건 당일
한씨 옷에서 탄 냄새가 났다"고 진술한다. 한씨 차량에
서 발견된 혈흔이 피해자 김씨의 것으로 확인된다.

1월 7일 오후 1시 30분쯤 국립과학수사연구원이 묘지의 혈흔에서 채취
한 DNA를 분석한 결과 김씨의 것과 일치한다고 통보
한다. 이때 한씨의 유전자를 끝내 확보하지 못한다.

1월 9일 낮 12시쯤 A씨의 협조를 얻어 용의자 한씨를 양평에서 검거

한다.

1월 12일   강원 홍천의 하천에서 한씨가 사용한 장갑과 기름통을 발견한다. 또 하천 인근의 폐가에서는 김씨가 사용한 것으로 추정되는 헤드셋을 발견한다. 해당 하천과 폐가를 현장 감식한 끝에 유골을 발견한다.

1월 16일   국립과학수사연구원은 폐가에 발견된 유골과 헤드셋에 묻은 혈흔을 분석한 결과 김씨의 것이 맞다고 통보한다. 한씨가 김씨를 살해하고 사체를 유기한 사실을 자백한다.

피의자 한씨가 사건 당일 이동한 경로

경찰은 오후 3시 25분쯤 공원묘지를 떠난 한씨가 철물점과 주유소를 들러 장갑과 등유를 구입한 뒤 폐가로 향한 것으로 본다. 한씨의 진술에 따르면, 3시간여 동안 김씨의 시신을 태웠다고 한다. 한씨는 유골의 상당 부분을 폐가 부엌 바닥에 묻고 또 인근 하천에 다른 도구들과 함께 버렸다. 이후 철정터널을 통과해 밤 10시 9분 홍천읍 새마을금고에서 도피 자금으로 쓸 현금을 인출했다.

사건 신고가 들어오면 2인 1조의 과학수사 요원들이 현장 감식에 나선다. 감식 가방 세트와 카메라, 조명 세트 등 장비를 챙겨 간다.

강력 범죄일 가능성이 높은 실종 사건엔 인원이 추가로 투입된다. 부상자를 구호하는 일이 최우선이지만, 보통 첫 번째 단계는 현장을 통제하는 것이다. 증거물 훼손이 제일 큰 위험이라는 말은 당연하지만, 최근 현장 주변으로 모여드는 군중을 통제하는 것도 과학수사 요원에게 큰 숙제다. 이미정 검시관에게도 그 숙제는 만만치 않았다.

"할머니 변사 사건이 발생해 출동했는데 이미 현장을 본 고등학생들이 SNS로 사진을 올린 적이 있었어요. 순식간에 '눈이 없다' '장기가 없다'는 등 괴담이 퍼지면서 온 동네가 불안에 휩싸였습니다."

현장을 통제하고 나면 곧바로 감식 계획을 세운다. 증거물별로 감식 우선순위를 정하고, 현장과 실험실에서 진행할 각자의 업무를 구분한다. 현장 상황을 꼼꼼히 분류하는 체크리스트를 작성하고 나면 그제야 사진과 동영상 촬영을 진행한다. 어느 곳에 어떤 유류물이 어떤 모습으로 있었는지 기록하고 측정하기 위해서다.

본격적인 감식 작업은 각종 유류품 등 증거물을 수거해 실험실로 보낸 후에야 시작된다. 실험실에 있는 각종 장비를 동원해 지문과 혈흔 등 증거물을 감식한다.

과학수사 요원들은 입을 모아 "과학수사는 과학일 뿐 마술이 아니다"라고 말한다. 뭉개진 지문이나 변질된 혈흔도 허다해 빈손으로 돌아올 때가 적지 않다. 권영일 팀장이 주위의 기대에서 오는 부담감을 전했다.

"폐쇄회로 TV에서 범인이 뭔가를 만지는 장면이 나오면, 수사팀 대부분은 지문이 나올 테니 이제 잡았다고 생각합니다. 하지만 직접 감식하는 요원으로선 안 나올 가능성이 훨씬 높다는 걸 알죠. 그럴 때 부담감이 너무 큽니다."

현장 감식은 과학수사의 시작일 뿐 끝이 아니다. 한 부분에 불과하다. '춘천 시신 없는 살인 사건'을 담당했던 김성민 경사는 혈

뭉개진 지문이나 변질된 혈흔도 허다해 빈손으로 돌아올 때가 적지 않다.

흔 분석 보고서를 작성하는 데 꼬박 한 달이 걸렸다. 김경사의 말이다.

"한 번 갈 때마다 서너 시간 이상씩, 길게는 10시간 넘게 현장에 머무릅니다. 실험실로 돌아오면 사진과 유류품을 대조하고, 혈흔 모양과 낙하 방향 등 세부 사항까지 들여다봅니다. 의문이 나면 다시 현장으로 가는 일을 반복하죠."

권팀장은 또 이렇게 털어놓았다.

"과학수사 요원에겐 트라우마가 있어요. 작은 오판으로도 수사를 그르칠 수 있다는 건데, 그 때문에 이미 답을 정하고 보는 외부 시선에서 중압감을 느끼죠. 수사 형사는 범인의 자백을 받을 때 그간의 모든 피로를 잊고 보람을 느끼지만, 과학수사 요원은 그 자백을 뒷받침할 증거를 찾아낼 때 보람을 느낍니다."

5

대구 일가족 변사 사건

모자는 수중 시신, 딸은 집에서 백골로…
세 식구 죽음의 진실은?

2016년 9월 21일. 최고 기온 24도의 대구 더위는 가을을 막아섰다. 대구지방경찰청 광역과학수사2팀 소속 황보익수 경사가 수성구의 한 아파트에 도착했다.

79제곱미터의 1503호, 겉으로 보기엔 여느 평범한 가정집과 다를 바 없었다. 50대 여성이 10대 아들, 20대 딸과 함께 오순도순 살던 집이었다.

사과 박스 두 배 정도 크기의 종이상자가 황보경사 앞에 놓였다. 역한 냄새가 마스크를 뚫고 들어와 코와 얼굴 전체를 자극했다. 상자에는 살점 하나 남지 않은 백골이 비닐에 밀봉된 채 들어 있었다. "다 썩어 없어졌다"는 말이 절로 나왔다. 백골은 겨울

옷을 입고 있었다. 겨울, 봄, 여름 계절이 세 번 지나도록, 상자 안에서 한 치도 움직이지 않았다는 뜻이다. 살이 썩어가면서 흘러내린 체액이 시신을 밀봉한 비닐과 시신이 걸친 옷 군데군데 굳어 있었다.

백골 시신은 황보경사가 도착하기 직전, 집 베란다에 있는 붙박이장에서 발견됐다. 붙박이장은 투명테이프로 다섯 겹이나 칭칭 둘러져 밀봉돼 있었다. 죽은 이는 누구이고 사망 이유는 무엇일까. 살인을 당했을까, 스스로 목숨을 끊었을까. 황보경사를 비롯한 현장에 나온 경찰들의 머릿속에 온갖 추측과 추리가 떠올랐지만 일단은 다들 침묵했다.

하루 전인 9월 20일. 경북 고령 성산면 오곡리 고령대교와 달성보 사이 낙동강 강가에서 시신 한 구가 발견됐다. 오후 3시 20분쯤 한 낚시꾼이 나뭇조각과 풀에 뒤엉킨 모습으로 강가 5미터 앞까지 밀려온 변사체를 보고, 경찰에 신고했다. 시체는 퉁퉁 불어났지만 다행히 옷 속에 신분증과 휴대폰이 들어 있었다. 통화 기록을 조회하고 지문을 분석해 신원은 금세 파악할 수 있었다. 수성구 아파트 1503호의 주인이자 남매의 엄마인 가정주부 조 모 (52세) 씨였다.

조씨의 사인은 익사였다. 외상 흔적은 없었다. 경북 고령경찰서는 조씨가 스스로 강에 몸을 던졌으리라 추정하고 유가족에게 연락을 시도했다. 어느 누구와도 연락이 닿지 않았다. 경찰이 다음 날 곧장 수성구의 아파트를 찾아간 이유가 그 때문이었다. 어느 누구도 집 안에서 백골이 발견되리라곤 예상하지 못했다.

백골 시신은 가벼웠다. 황보경사는 검시용 '클린 시트clean sheet' 위에 종이상자를 올려놓은 다음 시신을 꺼냈다.

"백골 상태로 발견됐다는 건 이미 사망 시점에서 상당한 시간이 흘렀다는 얘기입니다. 검시 자체가 쉽지 않았죠."

황보경사가 말했다. 그는 '혹시 하나라도 놓치는 부분이 있으면 억울한 죽음을 만들 수도 있겠다'는 부담에 짓눌렸다.

조각난 뼛조각을 하나씩 맞춰나갔다. 골반 뼈의 형태가 둥근 것으로 봐서 여성이라고 짐작했다. 두개골이 닳은 정도는 뼈 주인의 나이를 추정할 수 있는 주요 단서인데, 20대의 것이었다. 피부가 한 점도 남지 않아 지문으로 신원을 확인하기는 불가능했지만, 경찰은 백골을 조씨의 딸(26세)로 결론 내렸다. "2015년 겨울부터 딸이 보이지 않았다"는 주변 사람들의 진술이 있었고, 시신이 겨울옷을 걸쳤다는 점을 감안하면 다른 변수가 있을 가능성은 희박했다.

사망 원인을 밝히는 일이 쉽지 않았다. 스스로 목을 매거나 타인에게 목이 졸렸을 가능성을 따져보는 게 우선이었다. 그런데 '설골舌骨'이 보이지 않았다. 턱과 목 사이에 위치한 지름 2밀리미터, 길이 5센티미터 정도의 목뿔뼈는 목이 졸릴 때 외부 힘에 쉽게 부러진다. 10분 넘게 비닐을 뒤지고 또 뒤진 끝에 두 조각으로 쪼개진 설골을 발견했다. 누군가 시신 당사자의 목을 눌러 살해했을 가능성을 배제하기 힘들었다. 경찰은 '어머니 조씨가 딸을 목 졸라 죽였을 가능성이 있다'고 추리했다. 현장 분위기가 급격히 무거워졌다.

경찰은 또 다른 흔적을 찾는 일에 나섰다. 멸균 처리된 면봉으로 집 안 구석구석을 뒤졌다. 붙박이장에 둘러진 투명 테이프의 끝부분에서 지문이 나왔다. 전체 지문이 아닌 '쪽지문'이었지만, 중요한 단서였다. 현장에 있었던 한 경찰이 "현장에 남겨진 지문은 시간이 지날수록 보존 가능성이 떨어지는데 접착력이 강한 테이프에 찍혀 다행히 알아볼 수 있었다"고 했다.

지문의 융선隆線(곡선)이 조씨의 것과 상당 부분 일치했다. '어머니 조씨가 딸의 시체를 붙박이장에 은닉했다'는 사실이 드러나는 순간이었다.

여전히 딸의 사인을 정확히 밝히는 일이 난제였다. 검시를 했지만 뼈에 손상이 갈 만한 외상은 없었다. 뼈에 남은 혈액 성분을 채취해 독극물 검사를 했지만, 사망에 이르게 할 정도의 치명적인 약물은 드러나지 않았다. 딸은 지병도 없었다. 무엇보다 죽음의 주요 단서로 여겼던 '부러진 설골'은 절단면을 꼼꼼히 살핀 결과 뼈가 건조되는 과정에서 자연스레 마디가 분리된 것으로 확인됐다.

고등학교를 중퇴한 딸이 신변을 비관해 자살했거나, 불의의 사고로 숨졌거나, 흔적이 남지 않는 방법으로 살해됐을 가능성이 거론됐다. 확실한 건 딸의 죽음과 시신을 엄마 조씨가 치밀히 숨겼다는 사실이다.

남은 숙제가 있었다.

'조씨 아들은 과연 어디로 갔을까?'

아파트의 식탁 위에는 아들 류 모(11세) 군이 쓴 것으로 추정되는 메모가 놓여 있었다.

'유서. 내가 죽거든 십자수, 색종이 접기 책을 종이접기를 좋아하거나 가난한 사람들에게 나눠주세요.'

경찰은 류군이 3년 6개월간 학교에 다니지 않고 홈스쿨링을 해오다 그해 9월 처음 등교했으나 자주 결석하며 학교는 며칠간만 다닌 것으로 확인했다. 본격적으로 대구·경북 지역 보육 시설을 모두 다니며 실종된 아들을 찾아 나섰다. 600명이 넘는 수색 인력에 헬기와 보트, 수색견까지 대대적으로 동원했지만, 흔적은 쉽게 드러나지 않았다.

결정적 단서는 폐쇄회로 TV 영상을 분석하는 중에 확보했다. 엄마 조씨와 아들이 2016년 9월 15일 오후 6시 35분쯤 대구 북구 팔달교 부근까지 이동하는 모습이 폐쇄회로 TV에 찍혔다. 팔달교를 기점으로 낙동강 하류 방향으로 수색해나간 경찰과 소방구조대는, 열사흘이 지난 9월 28일 대구 달성 사문진교 부근에서 아들의 시신을 찾았다.

"비가 내리는 중인데도 10미터 거리에서부터 악취가 풍겨 시신의 존재를 느낄 정도였습니다."

시신을 처음 발견한 고령소방서 소속 김춘구 구조대장은 그 냄새를 먼저 떠올렸다. 비에 쓸려 온 생활쓰레기와 폐목재가 뒤엉킨 지름 10미터가량의 부유물 덩어리, 그 한가운데 아들의 시신이 집에서 쓰고 나온 모자 차림 그대로 바로 누워 하늘을 바라보고 있었다. 수중에서 부패가 진행돼 구더기가 들끓고 훼손된 부위에는 뼈가 그대로 드러나 있었다.

시신을 수습하는 내내 비가 부슬부슬 내렸다. 물이 탁해 수중에서 시야가 거의 확보되지 않았다. 물속에서 부패한 시신은 신체 조직이 부푼 상태라 조금만 부주의해도 지문이 유실되기 쉬웠다. 보트를 타고 현장에 도착한 과학수사 요원 중 몇몇은 보트에 남고, 수중 과학수사 지원을 나온 정동희 경위 등 두 명이 물속으로 뛰어들었다.

부유물을 조금씩 걷어내며 류군에게 접근한 다음, 유실되기 쉬운 손을 손싸개로 먼저 싸서 보호했다. 그물망 형태로 제작된 특수 시체낭으로 시신 아래에서부터 둘러싼 다음 천천히 끌어올렸다. 부패성 체액과 부유물이 뒤범벅된 주변을 손으로 헤집으며 조심스레 찾아봤지만, 더 이상의 유실물은 없었다. 정경위는 한숨을 돌렸다.

"다행히 별다른 훼손 없이 시신을 강가로 인양할 수 있었습니다."

검시는 강가에 마련한 텐트에서 진행됐다. 시신에서는 아무런

김춘구 고령소방서 구조대장(오른쪽)과 정동희 대구지방경찰청 광역과학수사2팀 경위가 초등학생 류군의 시신을 발견했던 대구 달성 사문진교 부근 낙동강을 다시 찾아 당시 상황을 설명하고 있다. 사진 배우한

외상도 발견되지 않았다. 경찰은 "조씨가 완력을 사용해 강제로 아들을 살해했을 가능성은 낮다"고 판단했다. 폐쇄회로 TV 영상을 분석해보니 아들은 고개를 푹 숙인 채 어머니 곁에서 함께 걸을 뿐 아무런 저항도 하지 않았다. 프로파일러(범죄 심리 분석관)의 분석도 이와 일치했다.

"조씨의 휴대폰 통화 내역을 보니 한 달에 발신한 통화가 서너 건에 불과하고 여동생 외에 연락한 사람이 없었습니다. 그렇게 사회적으로 단절된 삶을 살면서 아들에게 비정상적으로 집착한 것으로 보였습니다. 아들 또한 학교에 가지 않아 어머니가 유일한 의지 대상이었기에 어머니의 투신 권유를 순순히 받아들였을 가능성이 높았습니다."

경찰은 조씨가 아들을 설득해 강 속으로 뛰어들게 한 것으로 결론 내렸다. 조씨 시신이 발견되고 석 달이 지난 12월 23일, 경찰은 조씨가 딸의 사체를 은닉하고 승낙을 얻어 아들을 살인한 혐의로 사건을 검찰에 송치했다. 검찰은 두 달간 사건을 검토한 뒤, 2017년 2월 24일 '공소권 없음'으로 '대구 일가족 변사 사건'의 마침표를 찍었다.

당시 수사를 담당한 김영규 광역과학수사2팀장은 이렇게 소감을 밝혔다.

"딸이 왜 숨진 채 붙박이장에 감춰졌는지는 여전히 미궁 속에 남았지만, 죽음의 진실을 밝히기 위한 (우리의) 노력이 망자와 유가족에게 조금의 위안이라도 되었기를 빕니다."

대구 일가족 변사 사건(2016년 9월)

9월15일 18:35 (26일 CCTV 분석 결과)
모자가 마지막으로 모습을 드러낸 위치
(팔달교 부근) ❶

경부고속도로

○ 북대구IC

팔달교

○ 서대구IC
북구

대구시청 ●

● 동대구역

서구

▲ 와룡산
▲ 궁산

두류공원

20km

○ 성서IC

○ 남대구IC

달서구

수성구 범물동

사문진교

낙동강

❹

옥포JCT

○ 화원 옥포 IC

28일 11:10
아들 류군의 시신 발견
(사문진교 하류방향 2km 지점)

❸

21일 13:00
조씨의 집에서 딸
류씨의 백골 발견
(대구 수성구
범물동의
한 아파트)

13km

● 달성군청

20일 15:20
어머니 조씨의 시신 발견
(고령대교 하류방향 4km 지점)

고령대교

❷

대구

달성보

사건 일지 _____

2016년 9월 15일 오후 6시 35분 팔달교 인근 가게에 설치된 폐쇄회로 TV에서 모자의 마지막 모습이 확인된다(9월 26일 폐쇄회로 TV 영상을 분석한 결과).

9월 20일 오후 3시 20분 고령대교 하류 방향 4킬로미터 지점에서 어머니 조씨의 시신이 발견된다.

9월 21일 오후 1시 경찰이 대구 수성구 범물동에 있는 조씨의 아파트를 찾아갔더니 베란다에 있는 붙박이장에서 딸 류씨의 백골이 나온다.

9월 28일 오전 11시 10분 사문진교 하류 방향 2킬로미터 지점에서 아들 류군의 시신이 발견된다.

_____

시신 감식

백골이 된 시신에도 흔적은 남는다

시신은 말이 없다. 그러나 죽음의 진실을 차가워진 몸으로 말한다. 과학수사 요원은 변사체가 발견될 때마다 현장에 출동해 시신을 살핀다.

이들에게 가장 부담스러운 건 바로 부패한 시신이다. 20여 년간 100여 구의 백골을 마주했다는 김영규 대구지방경찰청 광역과학수사2팀장도 그렇게 말했다.

"백골이나 부패한 시신이 발견된 경우는 실수 하나에도 미제 사건으로 남을 가능성이 커서 긴장도가 확 올라갑니다."

무엇보다 지문 같은 신체 조직이 대부분 사라진 백골이나 부패한 시신은 신원이나 사인을 파악하는 게 불가능에 가깝다. 정상적으로 시신이 보존된 경우 지문이나 연골에서 채취한 DNA로 금방 신원을 확인할 수 있지만, 백골 상태인 경우 피부는 물론 연골조차 사라진 뒤라 어떠한 분석도 진행하기 어렵다. 설령 분석할 살점이 남아 있더라도 부패가 장기간 진행된 터라 유전자 감식을 할 수가 없다.

신원을 확인하기 위해 넙다리뼈(대퇴골)를 국립과학수사연구원에 보내 유전자 채취를 시도하기는 한다. 하지만 이 역시 정밀 감식에 30~40일 소요될 정도로 쉽지 않은 작업이다. 변사 현장에 도착한 과학수사 요원이 백골 사체를 발견한 경우 일단 남겨진 뼛조각을 맞추며 두개골이 닳은 정도나 골반 형태를 통해 나이와 성별을 추정하는 것으로, 검시의 시작을 알린다.

백골이나 부패한 시신에서 사인을 밝히기는 신원을 파악하기보다 더 어렵다. 장기간 방치된 시신은 부패성 체액이 흥건히 묻어나고 피부가 검게 변색된 나머지 상처가 가려져서 타살 여부를 놓치기 쉽다. 백골에는 흉기에 베이거나 목 졸린 흔적 등 죽음의 정황 자체가 남아 있기 힘들다. 이런 경우 과학수사 요원은 뼈에 외상이 갈 정도의 충격이 있었는지, 사라진 부분은 없는지를 하나하나 살피며 뼛조각을 수습한다.

시신에서 얻을 수 있는 정보가 워낙 적다 보니 다양한 과학수사 기법을 총동원할 수밖에 없다. 시신과 함께 남겨진 유서나 약, 살인 도구 같은 중요한 단서를 찾기 위해선 철저한 현장 감식은 기

대구수성경찰서에서 대구지방경찰청 광역과학수사2팀이 특수 시료를 활용해 접착테이프에 묻은 지문을 채취하고 있다. 사진 배우한

본이다. 예컨대 대구 일가족 변사 사건에서는 부패한 시신의 사인을 추정하는 방편으로 주변 탐문과 폐쇄회로 TV 분석, 프로파일링 분석, 수중 인양 등의 기법이 사용됐다.

최근 1인 가구가 증가함에 따라 홀로 죽음을 맞이하는 경우도 빈번해지면서 부패한 시신이 늘어나는 추세다. 대구지방경찰청 광역과학수사2팀은 매년 대여섯 건의 백골과 부패한 시신을 수습해 검시를 하고 있다.

"고독사 한 시신을 확인할 때면 부패 냄새가 진동하고 부패성 체액이 바닥을 적셔 접근하기도 쉽지 않습니다. 산에서 발견된 백골은 대부분 동물들에 의해 옮겨지거나 비에 휩쓸려, 산 이곳저곳에 뼛조각이 흩어져 있기도 합니다."

김팀장은 고충을 털어놓았다. 그럼에도 "백골이 된 시신에도 흔적이 남는다"는 게 과학수사 요원의 지론이다.

　"살인 현장에는 아무리 부패한 시신이라 할지라도 뼛조각 자체라는 증거가 남습니다."

6

춘천 형제 살인 사건

"형의 폭력에 우발적 행동" 동생의 주장 뒤집은 핏자국

2015년 4월 1일 수요일, 고등학교 3학년이던 장민준(17세) 군은
잔뜩 취한 채 오전 1시 35분쯤 상가 건물 2층에 있는 집의 현관문
을 열고 들어왔다.

귀가 시간도, 술에 취해 비틀거리는 모습도 가족들에겐 너무나
익숙한 모습이었다. "왜 늦게 들어왔냐" "술은 누구와 마셨냐" 같
은 질문을 하는 이도 없었다. 여느 때처럼 그는 현관 오른쪽 자신
의 방으로 들어갔다. 두 살 터울의 동생 지훈과 함께 지내는 9제
곱미터(2.7평)의 작은 방이었다.

동생은 이불 위에 누워 휴대폰으로 만화를 보고 있었다. 형이
방에 들어와도 동생은 별다른 반응을 보이지 않았다. '오늘도 또'

라는 표정조차 없는, 무관심이었다. 민준이 갑자기 동생에게 화를 냈다. 특별한 이유는 없었다.

동생의 배를 몇 차례 밟으면서 '그날의 폭행'은 시작됐다. "담배랑 술, 어디서 사는지 아느냐" "지금부터 형이 널 때릴 테니까 알아서 잘 막아라"라는 말이 떨어지기 바쁘게 주먹이 날아갔다. 동생의 옆구리를 수차례 가격했다. 동생도 욕설을 하며 맞섰다. 난장판이었다. 형이 때리면 동생은 저항하고, 아버지가 들어와 형을 말리고, 말리는 아버지에게 형이 다시 달려들고….

20분 지난 오전 2시쯤. 동생이 내지른 칼에 가슴을 찔린 민준이 그 자리에서 숨지면서, 소동은 멈췄다. 차라리 만우절의 거짓말이었으면 좋았을 '춘천 형제 살인 사건'은 그렇게 발생했다. 부슬부슬 봄비가 내려 최저 기온이 6도까지 내려간 그날 거리는 적막하고 서늘했다.

오전 2시 30분쯤 강원지방경찰청 광역과학수사 요원들이 현장에 도착했을 때 민준의 아버지는 현관 앞에서 담배를 태우고 있었다. 심각한 표정을 한 채 오가는 경찰관들만 빼면, 겉으로 보기에 지극히 평범한 모습이었다.

사건이 발생한 방은 아수라장이었다. 민준의 몸에서 순식간에 뿜어져 나왔을 다량의 혈액이, 방 안 곳곳을 참혹히 물들였다. 키가 170센티미터 조금 못 되는 민준은 사지를 뻗은 채 천장을 바라보고 누워 있었다.

"큰아들을 머리 쪽에서 제압하며 누르고 있는데 작은아들이 큰아들 옆으로 다가왔습니다. 잠시 후 큰아들이 힘이 쭉 빠지면서 엎어졌어요."(아버지)

"작은방에서 무릎을 구부리고 엎드린 형을 아버지가 누르고 있을 때, 왼손으로 칼을 쥐고 형의 오른쪽에 서서 가슴 부위를 한 차례 찔렀습니다. 방을 나와서는 칼을 어떻게 했는지 기억이 없습니다."(동생)

"주방에서 작은아들이 들고 있던 칼을 뺏어 싱크대 안에 던졌습니다."(어머니)

부모는 수사팀과 과학수사 요원에게, 작은아들이 벌인 참극은 큰아들의 폭행에 저항하는 과정에서 벌어진 우발적인 사건이라고 했다. 작은아들로선 어쩔 수 없었다고, 살해할 의도는 전혀 없었다고 억울함을 호소했다. 경찰은 이들의 진술만으로는 사건에 고의가 있었는지 없었는지 판단하기가 어려웠다.

과학수사 요원들은 혈흔에 주목했다. 혈흔 형태를 분석하는 이의 임무는 피해자의 육신이 피로 남긴 '다잉 메시지dying message'를 해독하는 것이다. 특히 이번 사건처럼 혈흔이 많을 때는 '선택과 집중'이 필수적이다. 보통은 현장의 벽이나 집기를 기준으로 범행 당시 벌어진 행위를 경험으로 추정해 혈흔 그룹을 정한 다음 단서를 하나씩 추적해가게 된다.

민준의 혈흔 형태를 분석하는 일을 맡은 이미정 검시관은 일단 사건 현장을 총 5개(A~E) 구역으로 나눴다. 그중 작은방 바닥

(B)과 주방 앞 바닥(D) 두 구역은 감식 초반부터 배제했다. 이검시관은 "119 대원이 의심됐다"고 말했다. 실제로 신고를 받고 현장에 가장 먼저 도착한 119 대원은 엎드려 있는 민준을 바로 눕히고 응급치료를 위해 상처 부위에 식염수를 부었다. 그 탓에 칼에 찔렸을 당시 방바닥(B)으로 흘렀을 혈흔 대부분이 훼손될 수밖에 없었다. 주방 앞 바닥(D)에 찍힌 혈흔 역시 119 대원의 발자국으로 판명 났다.

주방 싱크대 구역(E)에 있는 혈흔을 보면 어머니의 진술이 '사실이 아닐 가능성'이 있었다. 총 길이 32센티미터(날 길이 20센티미터)의 식칼은 식기 건조대와 그 위에 있는 그릇에 매끄러운 경계를 가진 '묻힌 혈흔'을 남겼다. "칼을 뺏어 싱크대 안으로 던졌다"는 애초 진술과 달리 '칼이 (식기 건조대 쪽에) 올려져 있었다'는 방증이었다.

칼날에 지름 2밀리미터가량의 희석된 혈흔만 남은 점도 이상했다. 증강 시약(육안으로 확인이 어려운 혈흔을 채취하기 위해 사용하는 약품)을 개수대와 배수구 주변에 뿌린 결과, 다량의 희석 혈흔이 발견됐다. 누군가 칼을 씻었다고 볼 수밖에 없었다. 이검시관의 판단은 이랬다.

"작은아들을 지켜야겠다는 부모의 절박함으로 이해할 수 있지만, 증거물이 훼손된 것만은 확실했습니다."

죽음의 '찰나'를 설명해줄 수 있는 혈흔은 옷장 구역(C)과 옷걸이 구역(A) 두 군데뿐이었다. 이검시관은 비산 혈흔을 찾으러 나섰다.

"위급한 상황에서 가해자와 피해자가 어떤 행위를 했는지 추정하려면, 공기를 가르고 날아간 '비산 혈흔'을 찾는 게 중요합니다."

몸에서 칼이 빠질 때 나오는 피의 흔적으로 생기는 비산 혈흔은 당시 상황을 재구성하는 데 결정적이었다.

옷장 구역(C)의 혈흔은 비산 혈흔에 속하지만 아쉽게도 결정적 단서가 되기 어려웠다. 네 개의 핏자국이 발견됐지만, 현장의 다른 검붉은 혈흔과 달리 누런빛과 갈색을 띤 채 말라 있었다. 옷장 손잡이에 걸린 코트 뒤에서도 건조된 혈흔이 나왔는데, 최소한 코트가 그 자리에 걸리기 전에 묻은 것이었다. 이번 사건과는 무관했다는 게 현장 과학수사 요원의 판단이었다. 민준의 아버지는 이후 경찰서에서 "예전에 민준이를 체벌할 때 생긴 자국"이라고 진술했다.

남은 것은 옷걸이 구역(A)밖에 없었다. 옷걸이 맨 앞에 걸려 있는 흰색 줄무늬 셔츠에서 세 개 혈흔이 나오면서 과학수사 요원들은 여기에 사활을 걸었다. 바닥에서 1미터가량 지점에 있는 그것은 이검시관이 보기에 "전형적인 비산 혈흔의 형태"였다. 혈흔은 긴 쪽을 뜻하는 장축長軸의 길이가 7~10밀리미터인 타원형이고, 꼬리가 8시 방향으로 향한 물방울 형태였다. 칼이 몸에서 빠질 때 혈압 때문에 몸 밖으로 터져 나온 피가 포물선을 그리며 날아가 셔츠에 묻은 상태에서, 왼쪽 사선(8시 방향)으로 흘러내렸다는 의미였다.

셔츠 뒤에 걸려 있는 점퍼의 소매, 그리고 옷걸이 바로 옆 탁자에 놓인 종이가방에서도 장축의 길이가 10~16밀리미터이고 6시 방향의 꼬리를 가진 혈흔이 나왔다.

"당시 칼을 찌른 자세와 출혈부의 위치를 밝힐 결정적인 퍼즐 조각이 나온 것입니다."

이검시관은 이제 전체 그림을 그렸다. 과학수사 요원과 수사 경찰은 이러한 혈흔 분석과 부모의 진술, 사체 부검 내용을 종합해 그날 밤 이렇게 결론 내렸다.

'아버지에게 눌린 채 문 쪽으로 머리를 두고 무릎을 꿇고 있던 피해자는 왼손에 칼을 쥔 가해자에게 오른쪽 가슴을 찔렸다. 갈비뼈를 부러뜨린 칼끝은 위쪽을 향했고, 이제 칼날은 등 쪽 갈비뼈까지 닿을 정도로 대부분이 몸 안으로 들어갔다. 낮은 자세로 공격했던 가해자는 칼을 쥔 왼손이 자신의 허리선에 닿을 정도까지 칼을 빼냈고, 이때 A구역으로 피가 튀었다. 피해자의 흉부에서 흘러나온 혈액이 B구역에 고였다.'

한마디로 고의적 살인에 무게를 둔 분석이었다.

그런데 같은 해 7월 3일 춘천지방법원에서 국민참여재판으로 진행된 1심에서 지훈은 살인 혐의에 대해 무죄를 선고받고 풀려났다. 배심원 9명 전원이 사건 당시 지훈에게는 "살인의 고의가 없었다"며 '우발적 행위'라고 판단했다. 법의관의 증언이 결정적

어머니는 작은아들이 들고 있던 칼을 뺏어 싱크대 안에 던졌다고 진술했지만, 혈흔 분석 결과는 달랐다. 사진 경찰청

이었다.

"힘껏 찌른 것이 아니라 통상적인 힘으로 찔렸는데, '우연히' 찌른 부위가 하필 칼이 몸 깊숙이 들어갈 수 있는 부위여서 치명상으로 이어졌다."

초등학생 때부터 지훈을 상습적으로 폭행해온 민준의 전력도 참작된 결과였지만, 법원 안팎에서는 논란이 일었다. 무엇보다 앞서 과학수사가 내린 결론과는 동떨어진 판결이었다.

석 달 남짓 뒤인 10월 28일 2심 선고는 달랐다. 살인의 고의를 인정할 만한 힘의 강도를 구분하는 것은 불가능할뿐더러, 범행 당시의 혈흔 형태를 분석하고 부검한 결과 드러난 형제의 위치와 자세, 출혈 부위에 토대할 때 살인에 해당한다는 결론을 내린 것이다. 과학수사의 손을 들어준 셈이다.

1심에서 무죄가 선고되었다는 소식을 듣고 "그렇게 깊이 찔렀는데 (우발적이라는 건) 말도 안 된다"며 어리둥절했던 이검시관은, 자신의 분석에 부합하는 2심 결과가 나온 걸 보고도 착잡했다고 회상했다. 그러면서 법정에서 처음 지훈을 봤을 때의 소감을 전했다.

"체격이 클 줄 알았는데, 그 어린 친구(지훈)의 키가 160센티미터도 안 돼 보였어요."

2심 재판부는 지훈에게 장기 3년, 단기 2년 6개월을 선고했고, 2016년 1월 대법원은 지훈 측의 상고를 기각해 형을 확정했다.

'춘천 형제 살인 사건' 현장 재구성

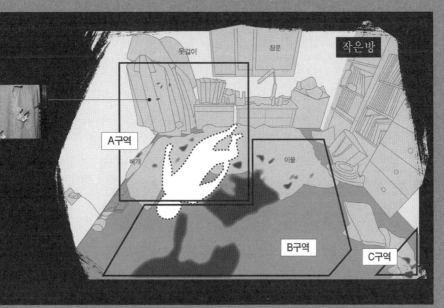

사건 현장 재구성 _____

A구역   가해자가 칼을 빼는 과정에서 칼날에 묻었던 혈액이 포물선을 그리며 옷걸이 주변의 옷과 베개 위로 떨어졌다.

B구역   피해자의 오른쪽 가슴 출혈 부위에서 흘러나온 다량의 혈액이 방바닥과 이불 주변에 고였다.

C구역   아버지가 지난날 피해자를 체벌하는 과정에서 발생한 혈흔이 옷장 주변에 묻어 굳어 있었다.

D구역   119 대원이 피해자를 응급 치료하고 나가면서 발자국을 남겼다.

E구역   범행 흉기였던 식칼에 묻었던 피가 싱크대 주변에 묻거나 튀었다.

혈흔 형태 분석

몸에서 칼이 빠질 때 생기는 비산 혈흔이 결정적이다

　살인 같은 강력 사건에서 목격자가 없어 범인을 가려내기 힘든 경우 혈흔 형태 분석BPA· blood pattern analysis은 결정적 단서를 제공할 때가 많다. 이는 사건의 결과물인 핏자국을 보고 역으로 시간을 재구성하는 작업이다. 분석 요원은 중력과 출혈 시간은 물론 복잡한 현장의 변수까지 고려해 사건 당시를 하나씩 추적해나간다.

　분석은 현장에 적응하는 것으로 시작된다. 분석 요원이 심리적인 영향을 받지 않고 혈흔에만 주목하려면 환경에 익숙해지는 게 필수적이다. 이어서 사건의 실마리를 풀 개별 혈흔을 구분해

'춘천 형제 살인 사건'을 담당한 강원지방경찰청 광역과학수사팀이 2015년 4월 13일 춘천의 한 폐가에 마련한 재연 공간에서 바닥에 마네킹을 두고 혈흔 형태를 분석하는 실험을 하고 있다.
사진 강원지방경찰청

내야 한다.

"다량의 고인 혈흔보다 작은 핏자국 하나가 분석에 더 유용하다."

분석 요원들의 대체적 견해가 그럴 만큼 개별 혈흔을 찾는 일은 중요하다.

이다음부터가 중요하다. 혈흔이라고 다 같은 혈흔이 아니기 때문이다. 본격적으로 혈흔을 분류하는 작업이 필요하다. 혈흔의 생김새와 크기, 위치를 정밀히 관측하고 분석하는 것이 핵심이다. 혈흔은 형태에 따라 크게 '비산 혈흔spatter stain'과 '비非비산 혈흔'으로 나뉘는데, 세부적으로는 대략 50종류까지 분류된다.

대표적인 비산 혈흔에는 선형linear 비산 혈흔이 있다. 동맥이 파열되면서 뿜어져 나온 '선상 분출 혈흔', 흉기에 묻었다가 떨어져 나온 '휘두름 이탈 혈흔', 출혈 부위가 이동하면서 생기는 '낙하 연결 혈흔'이 여기에 포함된다. '춘천 형제 살인 사건'의 핵심 단서는 동생이 휘두른 식칼에서 떨어진 휘두름 이탈 혈흔이었다. 비선형 비산 혈흔에는 둔기 충격 비산 혈흔이나 총기 발사 비산 혈흔 등이 있다.

비비산 혈흔은 바닥에 형성된 '고인 혈흔'이나 침구에 남은 '흡수 혈흔', 바닥의 혈액을 다른 물체가 쓸고 지나간 '닦인 혈흔', 피 묻은 손으로 다른 곳을 만질 때 생기는 '묻힌 혈흔'이 대표적이다.

혈흔 분류가 끝나면 재연 실험에 들어간다. 혈액의 방향성과 움직임을 판단한 뒤 수집된 다른 증거와 종합해 최종 결론을 내리기 전에 거쳐야 할 필수 관문이다. 한 과학수사 요원은 검증의 중요성을 재차 말했다.

"흉기 종류는 물론 사건 관계자의 의복 종류나 미세한 자세 변화에 따라서도 혈흔 결과물이 크게 달라질 수 있습니다. 조그만 의문점이라도 생기면 다시 검증을 해야 하죠."

7

여수 60대 남녀 변사 사건

관련 없어 보이던 두 목 졸린 시신,
연결 고리는 '남색 단추'였다

2016년 3월 28일은 유난히 바쁜 날이었다. 전남 여수 한 해수욕장에서 목을 매 숨진 60대 남성의 시신을 수습하자마자, 병사한 노인이 발견된 여수 삼산면의 다른 현장으로 달려가야 했다.

연달아 두 건의 검시를 끝낸 검시팀이 광양에 있는 전남지방경찰청 광역과학수사 동부팀 사무실로 들어온 시간은 오후 3시쯤. 숨 돌릴 틈도 없이 여수 시내에서 또 다른 변사 신고가 접수됐다. 흔치 않게 분주한 날이었다.

신고가 들어온 곳은 한 빌라의 맨 꼭대기 5층. 현장에 출동한 임채원 검시팀장(검시관)과 박홍대 경사, 윤여곤 경장의 눈에 가장 먼저 들어온 건 현관 안쪽의 구토 자국이었다. 시간은 좀 지난 듯

했지만, 누군가 치운 흔적은 보이지 않았다.

숨진 이는 62세의 여성 김순희 씨였다. 혼자 사는 그녀가 숨져 있는 것을 가족이 발견하고, "주무시다가 돌아가신 것 같다"며 경찰에 신고했다. 노령 인구가 많은 도농 복합 지역에서 홀로 자연사하는 일은 흔했다. 특히 안방뿐 아니라 깔끔히 정돈된 집 안 전체의 상황을 보면 검시팀의 경험상 타살보다는 자연사에 가까웠다.

그런데 작은방으로 들어간 임팀장이 이내 고개를 갸웃했다. 사용하는 사람이 없어서 비워둔 방이었는데, 최근에 '누군가' 지낸 듯한 흔적이 남아 있었다. 어쩌면 '단순 자연사가 아닐 수도 있겠다'는 느낌이 들었다. 방문을 열자마자 현관의 것과 비슷한 구토 흔적이 방바닥 두 군데에서 발견됐다. 역시나 치운 흔적은 없었다. 커튼을 묶어두는 끈도 매듭이 풀린 채 방바닥에 여기저기 나뒹굴고 있었다.

무엇보다 성인 남성의 키보다 조금 높은 2미터가량 위치의 벽에 뻥 뚫린 작은 구멍(지름 5센티미터)이 눈에 들어왔다. 에어컨 배관을 위해 사용했을 법한 그곳으로 올가미 형태로 매듭을 진 전선이 내려와 있었다. 벽 아래에는 작은 목욕의자가 넘어져 있었다. 박경사가 작은방 뒤쪽 베란다로 돌아가 확인해보니, 전선은 철심에 감겨 고정돼 있었다.

'커튼 끈으로 자살을 시도했다가 실패한 이후, 전선을 단단히 고정해놓고 다시 시도한 것은 아닐까.' 자연사가 아닐 수 있다는 의심이 점점 깊어졌다.

임팀장 등 검시팀은 본격적으로 안방을 둘러봤다. 의심을 들면 현장을 면밀히 살펴봐야 했다. 시신이 덮고 있는 이불이 먼저 눈에 거슬렸다. 마치 누군가 일부러 올려놓은 듯, 두 채가 엉킨 채 시신 위에 '쌓여' 있었다. 경험상 자연사의 경우 이불 한 채를 반듯이 덮고 있는 게 대부분이었다. 그날 새벽 기온은 영상 5도 정도였다. 쌀쌀한 날씨에 이불 두 채가 필요했을 거라고 생각할 수도 있지만, 임팀장은 '그래도 뭔가 자연스럽지 않다'고 여겼다.

자연스럽지 않은 게 한둘이 아니었다. 김씨가 입고 있는 옷이나 바닥에 널린 옷가지 어디에도 구토의 잔여물이 묻어 있지 않았다. 분명 현관과 작은방에는 세 곳의 구토 흔적이 있었다. 임팀장은 당시를 이렇게 회상했다.

"적어도 바지 끝단에라도 잔여물이 튀어 있어야 했습니다. 주변 옷가지는 물론 시신의 입안에서도 확인되지 않았죠."

구토한 이가 김씨가 아니라면 또 다른 누군가가 현장에 있었다는 얘기였다.

작은방에 떨어져 있는 남색 단추도 의미심장했다. 김씨의 옷에서 떨어져 나왔으리라 생각하고 안방의 옷 전부를 뒤졌지만, 그어떤 옷과도 맞지 않았다. 사망한 김씨의 단추가 아니라면, 또 다른 누군가가 그 어떤 이유로 옷에서 단추를 떨어뜨렸다는 뜻이다. 그 누군가를 찾아야 했다.

검시팀은 이제 시신 쪽으로 눈을 돌렸다. '자연사가 아닐 수 있다'는 의심이 그 순간 굳어졌다. 얼굴에 암적색 울혈이 심했다. 울혈은 목에 있는 정맥 혈관이 외부의 힘에 눌려 피가 목 아래로 원활히 흘러가지 못하면서 얼굴에 있는 모세혈관이 터지며 생기는 현상이다. 자연사한 시신에서는 거의 나타나지 않는다. 경험상 '끈이나 손에 목이 졸려 사망했다'는 의미였다.

"작은방에서 일어났을 두 번의 자살 시도로 인한 현상이라면?"

팀원 중 한 명이 그런 가능성을 제기했지만, 임팀장은 고개를 저었다. 김씨가 자살을 시도한 것이라면 시신의 목에 끈으로 생긴 찰과상이 있어야 했는데, 시신에는 아무런 자국이 없었다. 분명 자살이라고 하기엔 '있어야 할 것이 없었고, 없어야 할 것이 있었다'. 검시팀은 수사 경찰에게 휴대폰 통화 내역과 폐쇄회로 TV 영상을 확보해줄 것을 요청하고, 현장에 폴리스 라인을 친 뒤 시신을 병원으로 옮겼다.

본격적인 검시에 들어가면서 타살일 것이라는 의심은 확신으로 바뀌어갔다. 스스로 목을 매 사망했다면 끈이 혀뿌리를 누르기 때문에 혀가 입 밖으로 완전히 튀어나와 있어야 했다. 하지만 시신의 혀는 조금만 나와 있었다. 목을 자세히 들여다보니 작은 생채기와 강한 압박에 눌린 자국도 보였다. 전형적인 액흔扼痕, 즉 손에 목이 졸린 흔적이었다.

시신의 또 다른 흔적도 타살을 말하고 있었다. 산소가 부족해지면 피부가 푸른색을 띠는 증상(청색증)이 피해자의 손톱 끝에 또렷이 보였다. 손가락 끝의 피부가 심하게 벗겨진 것은 반항할 때 생긴 듯했다. 강간을 당한 흔적은 없었지만, 정액 반응 검사 키트에 피해자의 질액을 떨어뜨렸더니 양성 반응이 나왔다. 적어도 일주일 내에 누군가와 성관계를 가졌다는 증거였다. 바로 그 사람이 범인일 수 있다고 수사팀은 생각했다.

현장에 있었던 '누군가'를 찾는 일이 수사의 핵심으로 떠올랐다. 시신은 타살 가능성을 말하면서도 용의자가 누구인지 콕 짚어주지는 않았다. 단서는 의외의 곳에서 등장했다.

"뭔가 이상한데요."

검시가 한창 진행 중인데, 수사를 맡은 이준선 형사가 숨진 김 씨의 통화 내역을 분석한 자료를 들고 병원 안치실로 황급히 뛰어들어 왔다.

"오늘 아침 해수욕장에서 자살한 사람 있지 않습니까? 그 사람이랑 (김씨가) 통화한 기록이 나왔어요."

해수욕장에 있는 233센티미터 높이의 구조물에 목을 매 사망한 이태식(62세) 씨는 남색 셔츠에 패딩 점퍼를 입은 채 낮 12시쯤 발견됐다. 발밑에는 맥주 박스가 있었고, 시신 주변에는 지갑과 담배, 라이터가 떨어져 있었다. 얼굴에 울혈도 보이지 않았다. 주변 폐쇄회로 TV를 확인해보니 이씨는 당일 오전 9시 10분쯤 택시에서 내려 해수욕장으로 향한 것으로 나왔다. 사망 추정 시간은 발견된 지 5시간 이내였다. 전형적인 '완전 목맴사', 발이 공중에 뜬 채 목을 매 자살한 것으로 검시팀이 결론 내린 사건이었다.

그런데 자살한 남성과 죽은 김씨 사이에 통화를 한 흔적이 남아 있다? 임팀장은 눈이 갑자기 밝아지는 것을 느꼈다.

전혀 관련 없어 보이는 두 변사 사건을 연결 짓자 그동안 별 의미 없다고 여겼던 단서가 하나둘씩 눈에 들어오면서 이어졌다. 검시 당시 이씨의 바지 밑단과 셔츠에는 구토 흔적이 묻어 있었고, 셔츠는 첫 번째 단추가 떨어진 상태였다. 김씨 집에서 발견한 '주인 없는' 토사물과 단추를 떠올린 임팀장은 마침 같은 병원 영안실에 있던 이씨의 시신을 보여달라고 요청했다.

"남색 단추를 떠올리자마자 '아, 잡았다'는 생각이 탁 들었죠."

검시팀은 이씨 시신에서 DNA를 채취해, 김씨의 목과 손톱에서 채취한 DNA와 함께 국립과학수사연구원에 긴급 감정을 의뢰했다. 이씨가 김씨를 살해한 범인이라면, 김씨의 손톱에서 나온 DNA는 이씨의 것일 가능성이 높았다.

저녁 7시쯤, 김씨 집에서 현장 감식이 다시 이뤄졌다. 김씨 집 부엌에는 소주병 두 개와 음료수병 두 개가 놓여 있었다. 아들의 증언에 따르면 김씨는 평소 술을 거의 마시지 못했다.

안방 쓰레기통에서는 영수증 한 장이 발견됐다. "이씨가 김씨 집에 있었다는 결정적인 증거였다"고 검시팀이 말했다. 3월 26일 자 마트 영수증에는 유명 화장품 브랜드 이름이 찍혀 있었고, 해당 화장품은 안방에 포장이 뜯어진 채 놓여 있었다. 영수증에 찍힌 카드 결제자는 김씨가 아니라 해수욕장에서 발견된 남성 이씨였다.

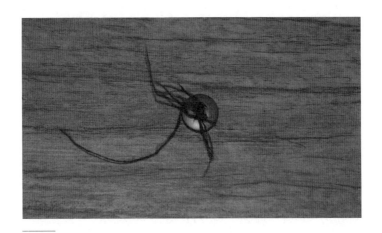

사건 해결의 단초가 된 '남색 단추'. 사진 전남지방경찰청

피의자는 피해자 집에서 자살하려다 실패한 후 오전 9시쯤 한 해수욕장에서 목을 맸다. 이씨가 발견된 해수욕장 관리사무소 뒤 철제 구조물의 모습. 사진 곽주현

적어도 이씨가 화장품을 구매한 3월 26일에서 두 사람이 사망한 채 발견된 28일 사이, 이씨가 이 집에 있었다는 확실한 증거였다.

검시팀과 수사팀이 밝힌 사건의 전모는 대략 이랬다. 이씨와 김씨는 6개월 전부터 사귀고 있었다. 사건이 발생하기 하루 전인 3월 27일 김씨는 식당 일을 마치고 밤 11시쯤 집에 도착했다. 밤 11시 30분쯤 비닐봉지로 추정되는 검은 물체를 든 이씨가 김씨 집으로 향했다. 범행은 그때부터 3월 28일 새벽 3시 사이에 발생했을 것으로 추정된다. 이씨는 김씨 집의 안방 침대에서 알 수 없는 이유로 김씨의 목을 양손으로 눌러 살해한 다음, 작은방에 들어가 커튼 끈과 전선을 이용해 두 차례 자살을 시도했다. 토사물과 떨어진 단추는 그때 생긴 흔적이다.

자살에 실패한 이씨는 새벽 4시쯤 본인의 집에 들러 휴대폰을 놔둔 후, 아침 6시쯤까지 피해자의 집 근처를 술에 취해 배회했다. 이후 이씨는 택시를 잡아타고 해수욕장에 도착한 뒤, 스스로 목을 맸다.

며칠 뒤 국립과학수사연구원에서 감정 결과와 부검 결과가 전달됐다. 김씨의 시신에서 이씨의 DNA가 다량 발견된 것으로 확인됐다. 정확한 사인은 손에 목이 졸린 '경부 압박 질식사'였다. 사건을 담당한 경찰서는 5월 31일 조사를 마치고 사건을 '불기소(공소권 없음)' 의견으로 검찰에 넘겼다. 피의자와 피해자가 모두 사망한 사건, 더 이상 책임을 물을 곳이 없었다.

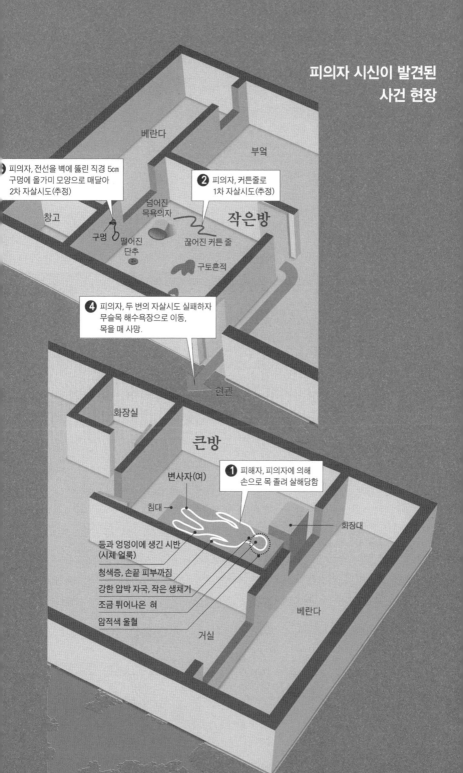

피의자 시신이 발견된
사건 현장

베란다

부엌

③ 피의자, 전선을 벽에 뚫린 직경 5cm
구멍에 올가미 모양으로 매달아
2차 자살시도(추정)

② 피의자, 커튼줄로
1차 자살시도(추정)

창고

넘어진
목욕의자

작은방

구멍　떨어진
단추

끊어진 커튼 줄

구토흔적

④ 피의자, 두 번의 자살시도 실패하자
무슬목 해수욕장으로 이동,
목을 매 사망.

현관

화장실

큰방

① 피해자, 피의자에 의해
손으로 목 졸려 살해당함

변사자(여)

침대 →

화장대

등과 엉덩이에 생긴 시반
(시체 얼룩)

청색증, 손끝 피부까짐

강한 압박 자국, 작은 생체가

조금 튀어나온 혀

암적색 울혈

거실

베란다

사건 당일 피해자와 피의자의 행적 _____

2016년 3월 27일 밤 10시 30분 피해자 김씨는 본인이 운영하는 식당에
서 일을 마무리한 뒤 밤 11시쯤 집에 도착한다.

같은 날 밤 11시 20분 피의자 이씨는 본인 집 근처에 차량을 주차한 뒤
택시를 타고 김씨 집으로 향한다.

같은 날 밤 11시 30분 김씨 집 근처에 도착해 택시에서 내린 이씨는 김
씨 집으로 들어간다.

3월 28일 오전 0시 27분 김씨가 집에서 아들과 전화 통화를 한다. 수
사 결과 김씨의 사망 시간은 이날 오전 1시에서 새벽 3시
사이인 것으로 추정된다.

같은 날 새벽 3시 8분 김씨 집에서 이씨가 자기 부인과 통화한다.

같은 날 새벽 3시 50분 이씨는 본인 집에 들러 휴대폰을 두고 다시 나
간다.

같은 날 새벽 5시 50분 이씨가 다시 김씨 집으로 들어간다.

같은 날 아침 8시 32분 김씨 집에서 나온 이씨는 걸어가며 부인과 통
화한다.

같은 날 오전 9시 10분 이씨가 한 해수욕장 근처에 도착해 택시에서
내린다.

같은 날 오전 9시 10분부터 30분까지 수사 결과 이씨가 사망한 것으로 추
정된다.

검시

현장 상황과 시신의 모습이 맞지 않을 때
타살의 의심 시작된다

목 부위가 압박돼 질식사한 자의 사인은 '경부 압박 질식사'로 동일하다. 그런데 어떤 사람은 스스로 목을 매고, 또 어떤 사람은 누군가의 손에 죽임을 당한다. 과학수사 요원은 이 둘의 차이를 밝히기 위해 시신을 과학적으로 바라보고 분석한다. 임채원 전남지방경찰청 과학수사계 검시팀장은 이렇게 말했다.

"시신에는 모든 흔적이 남아 있다. 미리 파악한 현장 상황과 시신의 모습이 맞지 않을 때 (타살의) 의심이 시작된다."

스스로 목을 매 사망한 시신과 타살한 뒤 '목맴사'로 위장한 시신이 보이는 현상은 다르다. 가장 눈에 띄는 흔적은 시반屍斑,

즉 '시체 얼룩'이다. 사람이 사망해 심장이 멈추면 혈액의 45퍼센트를 차지하는 혈구는 중력에 따라 시체의 아래쪽으로 쏠리는데, 이때 근육 속으로 스며들고 피부에 반점으로 나타난다. 임팀장은 시체 얼룩이 나타나는 위치로 두 시신을 판별했다.

"(타살되어) 눕혀진 시신에서는 시반이 시신의 등과 엉덩이 쪽에 생길 확률이 높고, 높은 곳에 목을 매 사망한 시신에서는 다리 아래쪽과 손끝에 생기게 된다."

사망한 지 5시간 이내에는 시신의 체위 변화에 따라 시반이 이동하기도 하고, 시반을 손가락으로 누르면 손자국이 하얗게 생기기도 한다. 이를 통해 대략적인 사망 시간도 추정할 수 있다.

시신 목에 남겨진 끈 흔적의 형태도 자살과 타살을 가른다. 자살의 경우 끈에 본인의 체중이 실리는 탓에 끈이 팽창해 뜨면서 귀 뒤쪽부터는 자국이 끊긴다. 그러나 누군가의 손에 쥔 끈에 살해된 경우, 가해자가 끈을 꽉 조이기 위해 목 뒤쪽에서 교차하므로 목 전체에 이어진 형태의 자국이 생긴다.

끈의 무늬를 파악하는 것도 중요하다. 만약 목에는 밧줄 무늬가 남아 있는데 시신은 노끈이나 전선 위에 걸려 있다면, 누군가 타살한 뒤 자살로 위장했을 가능성이 높다.

질식사로 숨진 경우 시신 얼굴의 색깔도 중요하다. 발이 완전히 허공에 뜬 채로 사망한 경우에는 목을 지나가는 정맥과 동맥이 완전히 차단되므로 얼굴이 창백하다. 그러나 발이 땅에 닿은 채 사망했거나 타인의 손에 목이 졸려 사망했다면 얼굴 전체가 암적

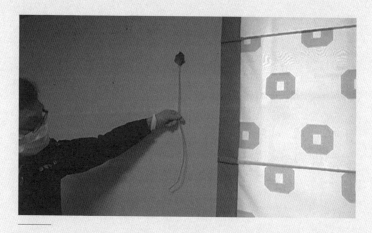

피의자는 살해한 다음 작은방에 들어가 전선을 이용해 자살을 시도했다. 사진 전남지방경찰청

색을 띤다. 피부와 가까이 있는 정맥만 차단돼 얼굴의 혈압이 상승하면서, 얼굴이 붓고 모세혈관이 터지기 때문이다. 이때 눈꺼풀 안쪽처럼 모세혈관이 많은 곳에서는 작고 빨간 점, 즉 일혈점溢血點이 관찰되기도 한다.

자살과 타살을 판단하기 위해서는 이와 함께 변사자의 주변 환경, 우울증 같은 병력, 통신 기록까지 고려해야 한다. 임팀장은 "시신에서 발견되는 작은 상처나 멍 하나로 일반 변사 사건이 '살인 사건'으로 바뀔 수 있기 때문에, 신속하고 정확한 검시가 필수"라고 설명했다.

8

안성 부부 살인 사건

불 탄 주택, 잔혹하게 살해된 부부 그리고
열흘 뒤 걸려온 전화 한 통

"여기 ○○동인데요. 옆집에서 연기가 납니다."

2016년 8월 1일 새벽 3시 5분, 경기 안성소방서에 화재 신고가
접수됐다.

최초 신고자는 이웃 주민이자 안성소방서에 소속된 현직 소방
관이었다. 그가 초기에 진압하려고 노력한 덕에 2층 단독주택의
1층 내부에서 난 것으로 추정되는 불은 소방대원들이 출동하기
도 전에 이미 진화됐다. 불꽃은 사그라지고, 검게 그을린 흔적만
이 출동한 소방대원을 맞았다.

현관문을 열고 집 안으로 들어가던 소방대원들은 이상한 냄새
에 고개를 갸웃했다. 탄내에 덧쓰인, 생경한 냄새였다.

"저게 뭐지?"

누군가 현관문 앞 화장실 쪽을 가리켰다. 엎드려 있는 사람이 대원들의 눈에 띄었다.

"사람이 죽을 정도의 화재는 분명 아닌데…."

화장실 앞에서 엎드린 모습으로 발견된 사람은 집주인인 정진오(63세) 씨였다. 엄청난 양의 피 웅덩이를 쏟아낸 뒤, 숨이 멎은 채였다. 안방 침대에서도 시신이 발견됐다. 정씨의 아내 고찬희(56세) 씨였다. 침대 역시 피범벅이었다.

"아, 피 냄새였구나."

현장 감식과 검시가 곧바로 시작됐다. 정씨 시신을 뒤집어보니 칼에 잘린 듯 깊이 베인 목의 상처가 또렷했다. 고씨 시신에서는 남편과 비슷한 목 상처에다 '둔기에 맞은 듯한' 두개골 함몰이 확인됐다. 당시 사건을 맡았던 유재수 안성경찰서 형사3팀장은 피 비린내 나는 현장을 잊지 못했다.

"과다 출혈로 인한 사망으로 보였죠. 지금도 잊히지 않을 정도로 참혹했습니다."

단순 화재 사건이, 살인 사건으로 바뀌는 순간이었다.

경찰서 전체에 비상이 걸렸다. 총 89명이 참여한 수사 전담팀이 꾸려졌다. 팀 전원이 현장 주변을 탐문하고 폐쇄회로 TV와 차량 블랙박스를 조사·수색하는 데 동원됐다. 하지만 쉽지 않은 수사가 될 것임을 수사팀은 직감했다. 시신 외에는, 현장 어디에서도 범인을 추적할 만한 흔적이 나오지 않았다. '어떤 사람이' 그리고

'왜', 모든 것이 백지였다.

사고가 접수된 지 3시간이 조금 안 된 아침 6시. 경기남부지방
경찰청 과학수사계 소속 프로파일러 신경아, 조남경 경장이 긴급
호출을 받았다. 프로파일러가 사건 초기에 투입되는 일은 흔치 않
다. 그만큼 상황이 긴박했다. 둘은 3시간 남짓 지난 뒤에 현장에
도착했다. 무에서 유를 찾아내야 하는 숙제가 이들에게 내려졌다.

피해자 분석부터 진행했다. '왜 이 부부가 범행의 타깃이 됐을
까'가 프로파일러들이 풀어야 할 첫 번째 퍼즐이었다. 사건이 발
생한 2층 단독주택은 동네에서 손꼽히는 고급 저택이었다. 잔디
깔린 정원은 완벽히 관리된 상태였고, 집 안에는 수석 등 값나가
는 물건이 장식장에 말끔히 정돈돼 있었다.

피해자 주변 사람들을 탐문하고 돌아온 수사팀이 '수십 년 동
안 이곳에서 살아온 부부는 20억 원대 자산가'라고 전했다. '이웃
과 자주 교류하며 두터운 신망을 얻은 편'이라고도 했다. 신경장
은 이를 듣고 "외부 사람들이 부부의 생활 습관이나 경제적 수준
등 여러 정보를 잘 알고 있었다"고 분석했다. 하지만 탐문만으로
는 별다른 소득이 없었다.

범인 행적을 시간 순서대로 재구성하는, 두 번째 퍼즐 작업에
들어갔다. 고씨 시신이 발견된 안방 침대 주위에는 비산 혈흔이
침대를 기준으로 하면 낮은 곳에 집중적으로 몰려 있었다. 눕거나
엎드려 있는 상태에서 당했다는 흔적이다. 검시관은 "범인에게 반

항한 흔적도 발견되지 않았다"고 했다. 기습을 당해 숨졌을 가능성이 높다는 얘기였다.

반면 화장실 앞에서 발견된 정씨 시신에선 반항한 흔적뿐 아니라 여러 군데 찔린 상처까지 나왔다. 화장실 바로 옆에는 작은방이 있었다. 신경장은 이렇게 분석했다.

"작은방에서 나오던 중 갑작스레 흉기를 든 범인과 마주쳐서 다툼을 벌였을 가능성이 높다."

'범인은 안방에 있는 아내를 먼저 살해했고, 그 소리를 들은 남편이 작은방에서 나오는 것을 보고 싸움을 벌인 끝에 결국 살해했다'는 쪽으로 당시 상황의 밑그림이 그려졌다.

딱 거기까지였다. 얼개는 세워졌지만 이를 뒷받침할 단서는 쉽게 모습을 드러내지 않았다. 퍼즐은 여전히 조각조각, 미완성 상태로 남아 있었다. 신경장과 조경장의 마음이 급해졌다. 밤낮없이 현장을 드나들며 사건에 매달렸지만 시간만 야속히 흘러갔다.

8월 한여름 더위 탓에 사건 현장에서는 혈액이 부패하는 냄새가 탄내와 섞여 진동했다. 현장을 둘러보고 다시 둘러보는 것 자체가 고욕이었다. 사건이 발생한 지 이틀 뒤인 8월 3일부터 경기북부지방경찰청과 충남지방경찰청, 인천지방경찰청에서 각각 지원 나온 프로파일러 세 명이 분석 작업에 합류했다. 든든한 우군이 생겼다.

5인의 프로파일러들은 '왜 살인을 했지?', 즉 범행 동기 부분을 두고 치열한 토론을 벌였다. 범행 이유부터 다시 추론해보자는 것이었다. 이유를 알면 수사 대상을 특정해 범위를 좁힐 수 있다는 게 수사 전문가의 경험이자 노하우였다.

먼저 '청부 살인이 아니겠냐'는 의견이 제시됐다. 잔혹한 살해 방식이 근거였다. 하지만 이번 사건은 일반적인 청부 살인 패턴과 너무 달랐다. 청부 살인의 경우 사건 현장은 피해자 집보다는 범인이 범행하기 유리한 장소가 되는 것이 대부분이다. 예컨대 청부 살인범은 길을 가는 누군가를 살해할 때도 본인이 익숙하거나 범행하기 용이한 곳을 골라, 그곳에서 피해자가 올 때까지 기다린다는 것이다. 낯선 피해자 집에까지 침입해 범행을 벌이는 경우는 흔치 않다고 이들은 배우고 경험해왔다.

또 청부업자는 살해 대상을 상당 기간 미행하기도 하는데, 이번 사건 피해자가 찍힌 폐쇄회로TV 영상에서는 어떤 흔적도 나오지 않았다. "무엇보다도 청부 살인업자라면 이렇게까지 과도한 살해 방식을 사용하지는 않았을 것"이 신경장이 내린 결론이었다. 잔혹하기는 해도 전문가의 깔끔함은 보이지 않았다.

피해자가 자산가인 만큼 누군가에게 재산 문제로 원한을 샀을 가능성도 있었다. 그러나 수사팀이 아무리 탐문하고 조사해봐도 그들에게 앙심을 품을 만한 사람이 나오지 않았다.

수사팀은 초조해졌다. 이대로 지체되면, 어쩌면 장기 미제 사건이 될 수 있다는 걱정이 들었다. 이때 새로운 단서가 하나 발견됐다. 사건이 일어나기 2주 전인 7월 19일, 현장에서 5분가량 떨어진 집에서 야간에 누군가 침입했다가 미수에 그친 사건이 있었다는 것이다. 그냥 지나칠 수도 있던 사건이었다. 하지만 이 동네는 지난 3년 동안 강도와 절도 범죄가 한 건도 발생하지 않은 곳이었다.

"이런 곳에서 비슷한 시기에 주거 침입 사건이 두 건이나 발생했다는 게 이상하지 않아?"

게다가 '누군가'가 주거 침입을 시도했던 집은 사망한 정씨 부부 집과 함께 인근에서 손꼽히는 부유한 주택이었다. 프로파일러들은 "돈을 목적으로 한 동일범의 소행일 가능성이 높다"는 결론을 내렸다. 그리고 좀 더 구체적인 그림을 그려냈다.

'범인은 돈을 목적으로 피해자 집에 침입했다가 발각된 순간 과도한 공격성을 보이며 피해자들을 살해했고, 그 뒤 불을 지르고 도주했다. 최근 경제적 어려움에 몰린 사람이며, 피해자들은 물론 마을을 잘 알고 있는 면식범일 가능성이 높다.'

범인은 뜻밖의 곳에서 모습을 드러냈다. 신고가 접수된 지 열흘째인 8월 10일 오후 3시 30분쯤, 119 상황실에서 수사팀으로 연락이 왔다.

"아버지가 자살할 것 같다고 아들이 신고를 했는데요. 그 아버지라는 사람이, 부부 살인 사건을 처음 신고했던 이태호 씨입니다. 저희 소방서 직원이요."

처음 화재 신고를 한 사람이 갑자기 자살을 시도하다니. 수사팀이 보기에 "사건에 연관된 사람이 자살을 한다는 건 스스로 범인

임을 시인하는 것이나 마찬가지"였다. 서둘러야 했다. 이씨가 숨지면 사건의 내막이 비밀에 묻힐 수밖에 없었다.

이씨의 차량을 추적한 끝에 그가 한 복도식 아파트에 있는 것으로 파악됐다. 현장에 출동한 경찰을 앞에 두고, 이씨는 15층 난간 너머로 막 몸을 던지려는 참이었다. 난간 밖으로 이미 한쪽 다리를 넘겨 놓은 상태였다. 형사들이 득달같이 달려가 막아보려 했지만, 역부족이었다. 이씨는 형사의 손을 잡고 발버둥 치다 아래로 떨어졌다.

"(이씨는) 아무래도 죽을 운명은 아니었던 것 같습니다."

유팀장은 당시 급박했던 상황을 회고했다. 이씨는 발버둥 치면서 생긴 반동 때문인지 바로 아래층 난간에 부딪힌 뒤 안쪽 복도로 떨어졌다. 바닥에서 일어난 이씨는 또다시 난간을 넘어 투신했다. 그러나 이번에도 다시 13층 난간에 걸렸다가 복도로 떨어졌다.

"하늘이 도왔다고 해야겠죠." 유팀장의 말이다.

구급차 안에서 이씨는 범행 사실을 순순히 털어놨다. 평소 친하게 지내던 정씨 부부를 본인이 살해했고, 죄책감에 제초제와 소주를 마신 채 아파트에 올라가 자살하려 했다는 내용이었다. 일주일간 병원에서 치료를 받은 이씨는 8월 16일 퇴원하는 동시에 체포됐다. 그는 경찰 조사에서 상습 도박에 빠져 2억 6000만 원 빚에 몰린 나머지 제2, 제3 금융권에서까지 돈을 빌린 상태라고 진술했다.

부부가 살해된 채 발견된 안성 현장. 단순 화재 사건이 아니라 살인 사건이었다. 사진 안성경찰서

"이씨는 평생 남에게 자신의 깊은 속내를 말해본 적이 없는 사람이었어요. 아내에게조차 도박 빚과 관련해 아무런 얘기도 않고, 한쪽에서는 완벽한 남편으로 살았던 거죠. 아마 진작 힘들다는 이야기를 주위 사람에게 털어놨다면, 이런 짓을 벌이지는 않았을 겁니다."

이씨와 최종 면담을 마친 조경장은 사건 동기를 이렇게 정리하고 사건을 마무리했다. 모든 범죄 사실을 털어놓은 이씨의 얼굴은 마음을 비운 사람처럼 눈에 띄게 편안해져 있었다.

이씨는 2017년 6월 2일 강도살인과 현주건조물 방화죄로 2심에서 무기징역 형을 선고받았다. 재판부는 "이씨도 살아 있는 인간이기에 목숨까지 빼앗는 건 적절하지 않다고 본다"고 밝혔다. 사형을 선고하지 않은 건 그나마 법원이 내린 최소한의 배려였다.

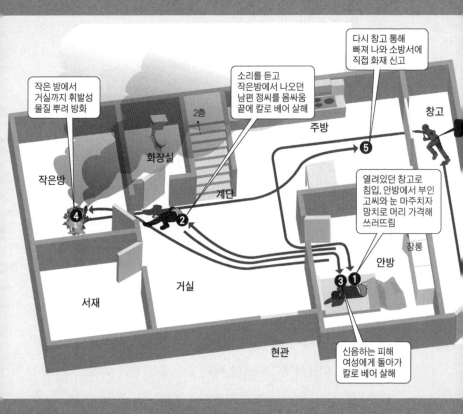

다시 창고 통해 빠져 나와 소방서에 직접 화재 신고

소리를 듣고 작은방에서 나오던 남편 정씨를 몸싸움 끝에 칼로 베어 살해

작은 방에서 거실까지 휘발성 물질 뿌려 방화

열려있던 창고로 침입, 안방에서 부인 고씨와 눈 마주치자 망치로 머리 가격해 쓰러뜨림

2층

화장실

창고

주방

계단

작은방

안방

장롱

서재

거실

현관

신음하는 피해 여성에게 돌아가 칼로 베어 살해

피의자 투신 소동(아파트 15층)

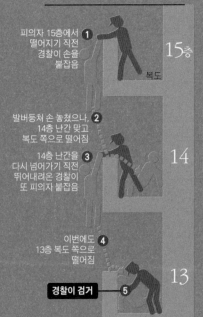

피의자 15층에서 떨어지기 직전 경찰이 손을 붙잡음

15층

복도

발버둥쳐 손 놓쳤으나, 14층 난간 맞고 복도 쪽으로 떨어짐

14층 난간을 다시 넘어가기 직전 뛰어내려온 경찰이 또 피의자 붙잡음

14

이번에도 13층 복도 쪽으로 떨어짐

경찰이 검거

13

프로파일링 일지 _____

2016년 7월 19일 피의자가 마을의 다른 부유한 주택에 밤늦게 침입하려 하지만 미수에 그친다.

프로파일링 해당 마을은 최근 3년간 강도와 절도 사건이 전무했다는 분석 결과에 토대해, 부부를 살해한 이와 동일한 인물이 저지른 범행일 것이라고 추측한다.

8월 1일 피의자는 열려 있는 창고를 통해 피해자 부부 집에 침입한다. 부부를 차례로 살해하고 방화한 다음, 태연히 소방서에 화재 신고를 한다.

프로파일링 피해자의 생활 패턴을 잘 아는 면식범일 가능성이 있다. 범인이 집 안 물건을 뒤진 듯한 흔적이 나온 것을 보면 금전적 이유로 범행을 저질렀을 것이다.

8월 10일 피의자의 아들이 119에 "아버지가 자살을 암시했다"며 신고한다. 피의자는 아파트 15층에서 투신 소동을 벌인 끝에 붙잡히고, 구급차에 실려 가는 동안 범행을 자백한다.

8월 17일 범인은 현장검증에 협조한 다음, 프로파일러들과 7시간에 걸쳐 면담한다.

8월 20일 범인과 프로파일러 간의 두 번째 면담이 진행된다.

프로파일링 범인은 평생 자신의 속마음을 남에게 털어놓은 적이 없는 사람이다. 도박 빚에 쫓겨 극단까지 몰리자 비이성적인 범행을 저질렀을 가능성이 있다. 잘못이 있어도 '자기 탓'을 하는 성향이라 피해자들과 원한 관계는 없었을 것이다.

프로파일링

한 단서만 볼 것이 아니라 모든 근거가 들어맞는 논리를 뽑아낸다

현장 감식 요원이 객관적 '사실'에 초점을 둔다면, 프로파일러는 객관적 사실을 보며 '왜 그 사실이 일어났을까'를 분석하는 식으로 '심리'에 좀 더 집중한다. 피의자는 물론 피해자의 심리나 행동 이유까지 모두 분석해야 한다. 경기남부지방경찰청 과학수사계 소속 프로파일러 신경아 경장은 프로파일링을 "심리학에 기반한 과학"이라고 설명했다.

프로파일링이란 한마디로 '가설을 만드는 과정'이다. 현장 증거, 감식과 부검 결과, 수사팀 조사 자료 등 모든 정보를 한데 모아놓고, 이 모든 근거가 들어맞는 하나의 가설을 뽑아내는 것이다.

"범인이 피해자와 아는 사이인지, 범행 동기가 금전, 치정, 원한, 이상 동기 중 어떤 것인지를 파악합니다. 그게 수사 방향을 설정하는 데 기본이 되거든요."

안성 부부 살인 사건은 모든 근거를 종합해 얻은 '최근 경제적 어려움에 처한, 가까운 곳에 사는 면식범'이라는 프로파일링 결과가 실제 피의자의 상태와 정확히 들어맞은 예다.

2024년 현재 전국에는 30여 명의 프로파일러들이 경찰청과 18개 시·도경찰청에 소속돼 있다. 보통 타살로 의심되지만 용의자를 특정할 수 없는 사건의 경우 초기부터 프로파일러가 투입된다. 범인이 누구인지, 범행 동기가 무엇인지, 왜 현장 상황이 설명되지 않는지 알 수 없을 때, 프로파일러는 내용 없는 빈칸을 채워 넣는 역할을 담당한다.

피의자가 검거된 후에는 면담을 통해 개인적 성향과 특성을 파악해 심문 과정에 도움을 준다. 프로파일러 조남경 경장이 면담한 피의자들의 성향은 다양했다.

"성향상 강하게 압박해야 진술을 하는 피의자가 있는가 하면, 어르고 달래야 제대로 털어놓는 피의자도 있습니다."

프로파일링 과정에서 피의자의 거짓말을 걸러낼 때도 있다. 면담이나 증거에서 드러난 피의자의 성향이 본인의 진술과 맞지 않는 경우다.

"살인을 저지른 사람이 형량을 줄이려고 '우발적인 범행이었다'고 주장한 적이 있는데, 피의자가 작은 일에도 쉽게 앙심을 품

경기남부지방경찰청 과학수사계 조남경(왼쪽), 신경아 프로파일러가 사건 자료를 분석하고 있다.
사진 곽주현

는 성향이라는 사실을 파악해 거짓말인 것을 알아냈죠. 피해자에게 오랫동안 무시를 받았다고 느껴왔다는 증거, 그리고 범행 당시를 의도적으로 숨긴 증거가 있었어요. 계획적인 범행이었죠."

프로파일러는 사건 현장과 방대한 수사 자료에서 고도의 인간 심리를 분석해낸다. 아무리 그럴듯한 가설이라도 뒷받침할 근거가 없으면 채택할 수가 없다.

"논리성과 신뢰성은 프로파일러에게 가장 중요한 특성 중 하나죠. 드라마에서처럼 한 단서만 보고 '범인은 어떤 사람'이라고 단정하는 건, 가장 위험한 행동입니다."

9

정읍 여성 납치 사건

잃어버린 기억의 퍼즐,
최면으로 30시간 전 범죄 현장 돌아가 맞춰

2015년 2월 14일 새벽 5시, 전북 정읍 상동. 남 모(31세) 씨를 태운 택시가 골목 어귀에 멈춰 섰다. 오른쪽 어깨에 가방을 메고 오른손에 휴대폰을 움켜쥔 채 차에서 내린 그녀는 걸음이 지그재그를 그렸다. 업무상 술을 마실 일이 잦기는 하지만, 그날은 유난히 술에 많이 취했다.

원래 남씨는 남자 친구가 지인들과 함께 있다는 술자리에 잠시 들를 참이었다. 하지만 가는 도중 남자 친구와 통화를 하다가 사소한 문제로 말다툼을 벌였고, 그 바람에 "혼자 집에 가겠다"며 택시에서 내리고 말았다. 걸어서 10분 거리에 있는 다소 먼 집을 향해 터벅터벅 걸음을 옮겼다. 취기도, 새벽 찬 공기도 집으로 가는 길은 여느 때와 다를 게 없었다. 검은색 차량이 그녀의 걸음걸이와 속도에 맞춰 따라오고 있다는 것만 빼고는. 그녀는 그 사실을 까맣게 모른 채 평상시처럼 집으로 향했다.

남씨가 왼쪽 골목으로 방향을 틀었다. 집이 코앞이었다. 그때 검은색 차가 비상등을 켜고 그녀 옆에 섰다. 딸각, 차 문이 열리고, 운전자가 모습을 드러냈다. 골목에는 남씨와 차에서 내린 정체 모를 남자밖에 없었다. "악" 하는 짧은 비명과 함께 남씨가 사라졌다. 순식간이었다.

마침 출근 중이던 트럭 운전사 A씨가 비명 소리를 들었다. 하지만 현장과의 사이에는 풀들이 우거진 공터가 있었다. 50미터밖에 떨어져 있지 않았지만, 성인 키를 넘는 어둑한 풀숲에 시야가 가로막혀 무슨 일이 벌어지는지 볼 수 없었다.

"꽤 가까운 곳에서 소리가 났고, 분명 여자 목소리였습니다."

A씨는 비명 소리가 난 곳으로 급히 달려갔다. 예감이 좋지 않았다. 사람은 안 보이고, 핸드폰과 가방, 하이힐만 널브러져 있었다. 저 멀리 큰길로 빠져나가는 검은색 차량 한 대가 보였다.

"누군가 납치된 것 같아요. 비명 소리가 나서 가보니 사람이 사라졌어요."

신고를 받자마자 상동지구대 소속 경찰들이 급히 출동했다. 사건 현장에서 100미터도 떨어지지 않은 곳에 지구대가 있어 출동하는 데 긴 시간이 걸리지 않았다. A씨가 검은색 차량을 손가락으로 가리켰다. 큰길로 사라졌던 그 차가 어느새 현장으로 돌아와 모습을 보였다.

"저 차가 범인인 것 같아요."

A씨의 말이 채 끝나기도 전에 차량이 다시 큰길 쪽으로 쏜살같이 사라졌다.

경찰이 뒤를 쫓았지만 양쪽으로 갈라지는 길 앞에서 놓치고 말았다. 다행히 조수석에 타고 있던 경찰이 차량 번호를 외우고 있었다. 신고자의 말대로라면 여성이 납치된 것이 분명했으므로 서둘러 차를 쫓아야 했다. 정읍경찰서에 비상이 걸렸다. 동원 가능한 경찰 320여 명이 전원 투입됐다.

아침 8시쯤 자취를 감췄던 용의 차량이 정읍 공평동 주천삼거리에 모습을 드러냈다. 검문검색 중이던 경찰이 막아 세워 확인해 보니 예상대로 차 안에는 사라졌던 남씨가 타고 있었다. 의식을 잃은 채 머리에선 피가 흐르고 얼굴 곳곳엔 멍이 들어 있었다. 폭행이 남긴 흔적이었다.

경찰은 남씨를 차로 1분 거리(600미터)에 있는 정읍아산병원으로 후송했고, 운전자 박 모(43세) 씨는 긴급 체포했다. 유력한 용의자가 잡혔다. 다행히 피해자는 생명에 지장이 없었다. 수사는 일단 순조로웠다. 피해자가 입을 열 때까지는.

피해자 남씨는 사건이 "전혀 기억나지 않는다"고 했다. 머리에 난 상처, 얼굴 곳곳에 보이는 폭행 흔적에도, 그녀는 "모르겠다"는 답을 반복했다. 누구도 예상치 못한 일이었다. 운전자 박씨는 "억울하다"고 발뺌했다. 한동희 정읍경찰서 강력1팀장은 당시의 곤경을 이렇게 설명했다.

"30년 가까이 형사 생활을 하는 동안 그렇게 표정 하나 안 바뀌고 범행을 부인하는 사람은 처음 봤습니다."

난항이 시작됐다. 박씨의 주장은 이랬다.

"지인들과 밤늦게까지 어울리다 차를 몰고 부모님 댁으로 향하던 중에 우연히 사건 현장을 지나게 됐다. 어떤 남성이 각목 같은 것으로 피해자를 때리는 것을 봤고, (내가) 다가가자 범인이 도망갔다. 피해자가 피를 흘리며 쓰러져 있기에, 병원에 데려가 응급조치를 하기 위해 차에 태웠던 것이다."

자신은 범인으로 몰리는 게 억울한 '선한 사마리아인'이라는 항변이었다.

"사건 현장엔 왜 다시 돌아왔냐"는 질문엔 엉성하기 짝이 없는 답을 내놓았다.

"여자가 핸드백을 놓고 왔다고 해서 범인도 잡을 겸해서 돌아갔다. 그런데 현장에 가보니 경찰이 이미 출동해 있었다. 여자에게 '경찰이 가방을 챙겼을 것'이라고 말하고, 부상 치료를 위해 병원으로 차를 돌렸다."

한팀장을 비롯한 수사팀 전원이 일제히 고개를 갸웃거렸다. 의심스러운 점이 한두 가지가 아니었다. 치료를 위해서라면 가까운 정읍 시내 병원으로 바로 향했어야 했다. 하지만 박씨의 진술은 달랐다.

"호남고속도로를 타고 전주로 갔다가 김제를 거쳐 다시 정읍으로 들어왔다."

정작 병원에 간 흔적은 없었다. "전주 예수병원이나 김제우석병원으로 데려다주려고 했다" "생각나는 곳이 거기뿐이었다" 등 변명을 늘어놓았지만 명쾌하지 않았다.

게다가 박씨는 위치 조회를 피하려 그랬는지 휴대폰을 소지하지 않고 있었다. 차량 안에선 남씨 손목을 묶었던 청색 테이프가 발견됐다. 정황은 박씨를 범인으로 지목하고 있었다.

경찰은 사건 현장에서 반경 2킬로미터 이내에 있는 폐쇄회로 TV 11대의 기록을 취합해 시간대별로 분석했다. 범행 장면이 담긴 폐쇄회로 TV 영상은 없었지만, 박씨 차가 택시에서 내린 남씨의 뒤를 500미터가량 뒤쫓은 사실이 확인됐다. 또 "(목격한) 범인 차량이 오른쪽으로 방향을 꺾었다"는 박씨의 진술을 확인하기 위해 그곳에 설치된 폐쇄회로 TV를 분석해봤지만, 다른 차량이 지나간 흔적은 없었다.

수사팀은 바빠졌다. 무엇보다 박씨를 구속하는 게 급선무였다. 범행을 완강히 부인하는 용의자를 풀어줄 수는 없는 노릇이었다. 현행법상 체포한 후 48시간 내에 구속할 만한 물증을 찾아내지 못하면 풀어줘야 했다. 피해자 남씨는 여전히 "기억이 나지 않는다"는 말만 반복했다. 술에 취해 있던 데다 둔탁한 '어떤 것'에 머리를 맞아 뇌 손상(전치 4주)까지 입은 터였다. 한팀장은 입이 바짝바

짝 탔다. 도움이 절실했다.

　그때 한팀장의 머리에 '법최면'이 떠올랐다. '피해자의 기억을 살릴 수만 있다면…'이라는 생각이 뇌리를 스쳤다. 강력 사건의 피해자나 목격자는 정신적 외상 때문에 사건을 정확히 기억해내지 못하는 경우가 있는데 그럴 때 주로 쓰는 수사 기법이 법최면이다. 깊은 명상에 빠질 때와 비슷한 상태에서 사건 당시에 고도로 집중하도록 유도함으로써 시간이 지난 기억을 끄집어내는 과학수사 기법 중 하나다.

　한팀장은 전북지방경찰청에서 함께 일한 적 있는 법최면 전문 수사관 박주호 경위에게 긴급 지원을 요청했다.

　"납치 사건이 일어나서 용의자를 긴급 체포했는데, 피해자가 전혀 기억을 못 합니다. 범인 얼굴을 보여줘도 아니라고 합니다. 빨리 와주셔야 할 것 같습니다."

　남씨가 입원해 있는 정읍아산병원 4층 특실이 최면 조사 장소로 탈바꿈했다. 사건이 발생한 30시간 전으로 피해자의 기억을 되돌려놓기 위해, 박경위가 남씨 앞에 섰다. 남씨는 부상이 심해 눈을 제외한 온 얼굴을 붕대로 감은 채였다.

　"안녕하십니까. 저는 최면 수사관입니다."

　박경위가 자기소개를 하는 것을 듣고 남씨는 코웃음을 쳤다.

　"저는 최면 수사 같은 건 믿지 않아요. 부모님 외에 다른 사람은 절대 믿지 않는 사람이라 최면 수사가 먹히지도 않을 거고, 어차피 생각도 잘 안 날 겁니다."

실제 사전 테스트를 해본 결과 남씨의 말대로 최면 감수성이 매우 낮다는 판정이 내려졌다.

심리적 방어기제를 깨부수는 작업이 우선 필요했다. 박경위는 최면이란 무엇이고, 어떤 절차로 이뤄지며, 왜 해야 하는지 충분히 설명했다. 거부감을 덜기 위해 이례적으로 남씨의 남자 친구도 입회하도록 했다.

"최면에 걸려도 (당신을) 조종하지는 않아요. 최면 상태는 수면 내시경에서 막 깨어날 때와 비슷하다고 이해하면 돼요."

최면 수사에 대한 오해를 푸는 과정에도 상당한 시간을 쏟았다. 굳은 자세로 박경위를 대하던 남씨가 그제야 '수사에 응하겠다'는 의미로 고개를 끄덕였다. 첫 단추는 일단 꿰어졌다. 박경위에게도 쉽지 않은 작업이었다.

"남씨와 심리적 친밀감을 높이는 작업도 필요했는데, 통상보다 두 배 이상 시간이 들었습니다."

본격적인 최면이 시작됐다.

"저랑 약속했죠? 아주 잠깐 동안만 사건 속에 들어갔다 옵시다. 시간이 지난 일이니까 너무 아파하지 말아요. 그리고 제가 옆에 있으니 불안해할 필요도 없습니다. 들어가도 될까요?"

박경위가 묻는 동시에, 남씨는 30시간 전으로 되돌아갔다.

"차 타고 가자."

범인 목소리가 또렷이 기억났다.

"어디 가는데요? 저는 집에 갈 거예요."

거부했지만, 그가 내뱉는 목소리엔 흔들림이 없었다.

"타! 빨리 타!"

그가 입을 틀어막으려 했다. 하이힐을 벗어 휘둘러보았지만 소용없는 일이었다.

'40대 초반쯤 돼 보이는 외모, 모자가 달린 검은색 상의.' 남씨가 인상착의를 말하는 것 같아 박경위는 용의자의 사진을 다시 확인했다. 분명 용의자로 지목된 박씨의 모습이었다.

박씨에게 오른쪽 팔을 잡힌 채 조수석에 강제로 태워졌다. 박씨가 왼쪽 주머니에서 청색 테이프를 꺼내 손목을 세 번가량 돌려 묶었다.

"가만히 있어!"

박씨가 손목을 묶자마자 이번에는 '무언가'로 머리와 얼굴을 내리쳤다. 출발한 차는 한적한 도로를 내달리고 있었다.

"저, 정읍으로 가게 해주세요. 제발 저 좀 보내주세요."

계속해서 풀어달라고 말했다. 머리에선 연신 피가 흘러나왔다. 조용하던 박씨가 입을 뗐다.

"병원에 데려다줄게."

그 대신 조건이 붙었다.

"내가 잘못한 건 있지만, 되도록 경찰에 얘기하지 않았으면 좋겠어."

차량이 다시 정읍 쪽으로 향했다.

납치 사건이 일어나서 용의자를 긴급 체포했는데, 피해자는 전혀 기억을 못 했다. 범인 얼굴을 보여 줘도 아니라고 했다.

최면은 그렇게 끝이 났다.

"마음이 한결 편안해질 거예요. 앞으로 좋은 일들만 생길 겁니다."

박경위가 병실을 나갔다.

한팀장은 최면 수사의 덕을 톡톡히 봤다.

"피해자가 진술하지 못하고 피의자가 범행을 완강히 부인하는 이번 사건에서 최면 수사는 당시 상황을 재구성하는 데 상당히 도움이 됐습니다."

이미 확보해둔 폐쇄회로 TV 영상을 분석한 결과에 남씨의 진술을 추가해서, 구속영장을 곧바로 신청했다. 구속된 박씨는 결국 범행 사실을 인정도, 부인도 하지 않은 상태에서 검찰로 송치 됐다. '왜 남씨를 납치하려고 했는지'에 대해 박씨는 끝끝내 입을 다물었다. '성범죄를 위해 납치했을 것'이라고 경찰이 추정할 뿐이었다. 2015년 9월 2심인 전주지방법원 형사4부는 납치와 감금 등 협의로 기소된 박씨에게 1심과 동일한 징역 3년 6개월을 선고했다.

④ 목격자 A씨가 남씨의 비명소리 들었으나 풀숲에 가로막혀 범행현장 목격은 불가

1차 도주

풀숲

트럭 운전사 A씨

범행 현장

피해자 집 방향

③ 오전 5시 5분
박씨가 남씨를 차에 강제로 태운 뒤 도주

⑤ 오전 5시 10분
도주했던 범행차량 다시 사건현장으로 돌아왔다 2차 도주

도보로 귀가

2차 도주

상동지구대

정읍시

⑥ 오전 8시
박씨 정읍시내에서 긴급체포

최면수사로 밝혀낸 그날의 기억

"차 타고 가자"

"어디 가는데요"

"타! 빨리 타!"

"저는 집에 갈 거예요"

"가만히 있어"

사건 및 수사과정 재구성

전북
정읍시

L아파트단지

택시 하차지점

② 피의자 박씨 자신의 차량에서
피해자 하차하는 모습 발견

범인 차량
출발지점

① 2015년 2월 14일 오전 5시
피해자 남씨 택시에서 하차

사건 당일(2015년 2월 14일) 현장 _____

새벽 5시   피해자 남씨가 택시에서 하차한다. 이때 차를 몰고 가
        던 피의자 박씨가 그 모습을 발견한다. 이후 걸어서 귀
        가하는 남씨를 500미터가량 뒤쫓는다.

새벽 5시 5분 박씨가 남씨를 강제로 차에 태운 뒤 달아난다. 지나가
        던 목격자 A씨가 남씨의 비명 소리를 들었으나 인근
        풀숲에 가로막혀 범행 현장을 목격하지는 못한다. 바로
        경찰에 신고한다.

새벽 5시 10분 도주하던 범행 차량이 다시 사건 현장으로 돌아왔다
        가 경찰이 출동한 것을 보고 또다시 달아난다. 비상이
        걸린 정읍경찰서는 주요 검문지에 경찰을 배치하고 검
        문검색에 들어간다.

아침 6시   경찰은 정읍 시내에서 검문검색을 하던 중 박씨를 긴급
        체포한다.

법최면

**"레드선만 외치면 끝?
최면 수사는 뇌파 활용한 과학입니다"**

"최면 수사에 덧씌워진 오해가 정말 많아요."

2017년 6월 14일 오전 전북 익산경찰서 거짓말탐지기실에서 만난 법최면 전문 수사관 박주호 경위의 첫마디는 "최면 수사를 과학으로 아는 사람이 드물다"는 것이었다. 일반인은 물론 일선 경찰조차 오해가 여전하다.

"양파를 먹는 사람에게 사과 맛을 느끼게 한다거나, 최면을 걸어 마음대로 조종한다는 식으로 최면 수사에 대해 잘못 알고 있습니다. '레드선red sun'(최면을 거는 구호 중 하나)만 외치면 저절로 최면에 빠지는 줄 아는 사람도 있죠."

법최면은 그러나 뇌파를 베타파(β)에서 세타파(θ)로 유도해 수행하는 엄연한 과학이다. 베타파는 깨어 있을 때 나타나는 파동을, 세타파는 졸리거나 명상에 잠길 때 나타나는 파동을 말한다. 최면 상태에서는 세타파가 주로 확인되는데, 이때 심신의 긴장이 이완되면서 특정 사건에 대한 기억력이 급격히 향상된다. 박경위는 최면 과정을 이렇게 비유했다.

"사건과 관련 없는 기억의 수도꼭지는 잠그고, 수사에 도움이 되는 정보만 흘러나오도록 집중하게 하는 게 핵심입니다."

최면 대상자는 사건의 피해자와 목격자로 한정한다.

"심한 정신적 외상 때문에 사건 당시를 기억하지 못하는 경우, 또는 시간이 많이 지나 사건에 대한 기억이 희미해진 경우에 대뇌 어딘가에 남아 있을 기억을 끄집어내기 위해 최면을 진행합니다."

피의자에겐 극히 제한적인 경우, 즉 술을 마신 상태에서 저지른 범행 사실 자체를 기억하지 못하거나 범행 장소나 시간을 정확히 기억하지 못할 때 사용하기도 한다.

"대화에 기초해 풀어나가기 때문에, 정신 질환이 있는 사람, 어휘 이해력과 문장 독해력이 낮은 사람, 나이가 너무 많거나 적은 사람은 최면 대상자가 될 수 없어요."

최면 상태로 들어가는 건 생각보다 간단치 않다. 최면 대상자가 수사관을 믿지 못하면 심신의 이완이 이뤄지지 않아 최면에 들기 어려워진다. 서로 최면에 대해 충분히 이야기를 나누고 일상적 대화를 통해 친밀감을 형성하는 게 필수적이다. 이를 '라포 형성

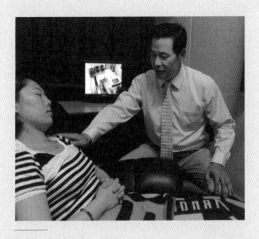

법최면 전문가가 최면 대상자를 이완 상태로 유도해 최면을 진행하고 있다. 사진 박서강

rapport building'이라고 부르는데, 박경위는 "라포 형성이 최면 수
사 성공 여부를 결정한다"고 강조했다.

필요한 정보를 얻었다고 끝이 아니다.

"최면 중에 떠올린 기억은 깨어난 이후에도 여전히 남게 되므
로, 깨울 때도 세심한 배려가 필요합니다."

실제 많은 사람이 떠오르는 기억으로 인한 두통이나 메스꺼움
을 호소한다.

"최면 수사가 사람(범인)을 잡는 데만 쓰인다고 생각하는 것도
오해 중 하나예요. 범죄 피해자나 목격자가 겪은 부정적 감정, 사
건 이후 생긴 트라우마를 (최면 상태 중에) 치료할 수 있으니까요."

2007년 직장을 그만두고 프로파일러로 경찰 생활을 시작한 박
경위는 10년 내공을 쌓은 법최면 베테랑이다.

10

양주 전원주택 살인 방화 사건

방 잿더미서 발견한 할아버지와 손자…
집 밖에서 실낱 지문을 찾았다

봄이라 하기에는 조금 이른, 그렇다고 겨울이라 부르기도 애매한 2017년 3월 2일 오후. 인근에서 재력가로 손꼽히는 한명호(81세)씨와 손자 승철(30세)씨가 경기 양주 2층짜리 전원주택에서 숨진 채 발견됐다.

1층 작은방, 시신은 잿더미에 뒤덮여 있었다. 얼핏 보기엔 화재로 생긴 사망이지만, 그들 몸에 남은 흔적은 '타살'을 말하고 있었다.

"명호씨는 갈비뼈 여러 개가 부러져나가면서 장기를 찌른 상태였고, 승철씨는 두개골이 골절돼 있었습니다. 질식해 사망한 것은 그 후의 일로 보였죠."

오후 3시, 윤광상 경기북부지방경찰청 과학수사계장이 사건 현장에 도착했다. 현관문을 열자 집 안을 가득 메운 후끈한 열기가 얼굴을 덮쳐 왔다. 이날 양주의 낮 최고 기온은 9도여서 쌀쌀한 편이었다. 바깥의 쌀쌀함은, 내부의 후텁지근함을 배가시켰다.

"완전 사우나네, 사우나야."

현장을 본 첫인상은 좋지 않았다. 불길함이 윤계장의 머릿속에서 좀체 떠나지 않았다. 범인이 지른 것으로 보이는 불 때문에 집 안 공기는 후끈 달아올라 있었고, 보일러도 여전히 작동 중이었다. 화재 열기와 보일러 난방이 더해진 집 안의 체감 온도는 40도가 넘었다.

윤계장은 "반갑지 않은 온기였다"고 했다. 수사 단서가 뜨거운 열에 약하다는 걸 그는 경험으로 누구보다 잘 알고 있었다. 특히 지문은 고온에서는 수분이 증발하면서 흔적 자체가 사라지는 특성이 있다.

현장을 둘러볼수록 윤계장의 이마에 주름이 깊어졌다. 주름 사이에는 땀방울이 조금씩 맺혀갔다. 아무리 날씨가 쌀쌀해도, 창문을 포함해 모든 문이 굳게 닫혀 있는 게 무엇보다 예사롭지 않았다. '집 안 온도를 높이려고 불을 지르며 일부러 문을 다 닫은 걸까.'

그랬다면, 범인은 보통내기가 아니었다. 지문 같은 흔적을 없애는 동시에, 외부인이 화재 신고를 하는 일이 없게 연기가 빠져나가는 걸 막겠다는, 치밀한 계산에 따른 행동일지 모른다는 생각에 몸서리를 쳤다.

불길한 예감은 대체로 틀린 적이 없다. 사건 현장엔 의문점만 잔뜩 남아 있었다. 집 안은 시커멓게 그을린 화재 흔적투성이인 반면, 외부는 너무나 멀쩡했다. 동네 사람들 누구도 '사람이 둘이나 죽어나간 사건'임을 눈치 채기 어려웠다. 집 안팎을 비추는 폐쇄회로 TV도, 이렇다 할 목격자도 없었다.

명호씨의 둘째 딸 소영(59세)씨는 경찰에 "2월 26일부터 아버지가 전화를 받지 않았다"고 진술했다.

"도대체 언제 벌어진 사건이라는 거야?"

누구도 답을 내놓기 어려웠다. 사건 현장 건너편 섬유공장에 설치된 폐쇄회로 TV 네 대는 어느 것 하나 현장을 기록하지 않은 상태였다.

설상가상 하늘은 짙은 구름에 가려 점점 어두워지고 있었다. 마당까지 포함해 330제곱미터(100평)가 넘는 공간을 폴리스 라인으로 묶어두고 흔적을 찾아 나선 과학수사 요원들에게 윤계장이 소리쳤다.

"비까지 오면 끝이야. 서두르자고!"

비가 내려 집 주변을 적신다면 지문 같은 단서가 그곳에서 나올 확률은 급격히 떨어질 수밖에 없었다. 시간을 상대로 사투를 벌여야 했다.

수사팀 내부에서 몇몇 가설이 제시됐다. 농축된 수사 경험에 기반을 둔, 밑그림이었다. 가족 내 누군가 이들을 살해한 후 증거를 숨기려고 불을 질렀을 가능성이 첫 번째, 사망한 한씨가 소문난 재력가였다는 점에서 금전을 뺏을 목적으로 벌인 강도살인일 가능성이 두 번째였다. 가장 유력한 시나리오는 손자 승철씨가 재산을 노리고 할아버지를 살해한 뒤 스스로 목숨을 끊지 않았을까라는 의심이었다.

수많은 경험에 토대했다지만 추정은 추정일 뿐, 가설은 금세 허물어졌다. 집 안에 쌓인 재를 걷어내자, 선명한 혈흔 족적이 모습을 드러냈다. 범인이 불을 지르려고 안방 장롱에서 이불을 꺼내 현관문 쪽 거실로 이동하다가 남긴 흔적이었다. 수사팀은 신발장을 비롯한 집 안 모든 곳에서 50여 개 신발을 찾아내 일일이 바닥을 대조했다. 손자가 범인이라면, 분명 일치하는 신발이 나올 수밖에 없다. 하지만 기대와 달리 '손자 신발과 범인 족적은 맞지 않았다'.

게다가 "평소 할아버지가 3대 독자인 손자를 끔찍이 아꼈고, 손자 역시 할아버지를 무척 좋아했다"는 주변 사람의 진술이 있었다. 손자가 든든한 경제적 지원자인 할아버지를 굳이 죽일 이유가 없다는 증언도 나왔다. "양주에서 아버지(한명호 씨)를 모시고 살던 승철씨 부모가 직장과 가까운 동두천으로 이사 갈 때도 승철씨만큼은 할아버지와 살겠다며 양주에 남았을 정도"로 둘 사이는 각별했다. 손자는 범인이 아니었다.

수사팀은 초조해졌다. 단서를 빨리 찾아야 했다. 이때 윤계장이 그럴듯한 아이디어를 내놓았다.

"열 때문에 단서들이 날아간 것이라면, 열기가 닿지 않는 '열 사각지대'를 뒤져보면 어떨까."

실제 지면과 맞닿은 상자의 바닥이나, 냉장고 안 식기 등 밀폐된 공간에 있는 물건에서 형태가 온전한 지문이 나타난 경우가 있었다.

역시나 냉장고에 있는 콜라병과 장롱 깊숙한 곳에 감춰둔 패물함에서 지문이 10개 정도 무더기로 발견됐다. 열에 손상돼 훼손된 것을 제외하면 감정 가능한 지문이 6개나 됐다. 지문을 곧바로 경찰청 과학수사관리관 증거분석실로 보냈다.

사망 추정 시간도 어느 정도 좁혀졌다. 승철씨의 휴대폰을 분석한 결과, 2월 27일 낮 12시쯤 피자를 주문한 통화 내역이 발견됐다. 적어도 그때까지는 살아 있었다는 얘기다.

3시간 후, 지문 감정 결과가 수사팀에 전해졌다. 희망을 걸었지만, 지문은 피해자와 가족의 것으로 밝혀졌다. 죽은 이들을 제외한 가족, 즉 명호씨의 세 자녀는 모두 2월 27일 이후 양주에 온 적이 없는 것으로 확인됐다.

밤새 마을회관 등 사건 현장 주변에 있는 폐쇄회로 TV 9대에 기록된 나흘치(2월 27일~3월 2일) 영상을 꼼꼼히 뒤진 강력계 팀원도, 운동장처럼 넓은 전원주택 안팎을 전부 훑은 과학수사 요원도 모두 지쳐가고 있었다. 아직 범인은 윤곽도 드러내지 않고 있었다.

"여기 지문이 있어요. 두 개요, 두 개!"

침묵을 깨는 고함 소리가 현장을 뒤흔들었다. 현관 앞 난간에 지문 채취용 분말 가루를 묻히던 권종인 형사였다. 수사를 개시한 지 24시간 만에 열에 손상되지 않은 지문이 문밖에서 처음으로 발견된 것이다. 긴급 지문 감정을 의뢰하고 나서 윤계장은 그제야 종일 참았던 담배를 한 대 물며 되뇌었다. '예감이 좋다.'

오후 6시쯤, 윤계장의 휴대폰이 울렸다. 지문 감정 결과가 나왔다. '서상진, 나이 29세, 경기 고양 행신동 거주.' 용의 선상에 없었던, 완전히 새로운 인물이었다. 난간에서 건진 지문 두 개는 오른손 중지와 약지의 흔적이었다. 그중 중지가 남긴 지문만이 식별이 가능했다. 지문이 서씨를 범인으로 지목하고 있었다.

경찰 조사 결과 서씨는 손자 승철씨의 초등학교 동창생이라는 사실이 드러났다. 최근 서로 연락을 한 흔적은 없었다. 경찰이 주목한 건, 얼마 전 승철씨가 자신의 SNS에 남긴 글이었다. 사망하기 며칠 전 1000만 원이 넘는 명품 시계와 달러화 뭉치, 차량 사진을 게시하면서 "(구경하고 싶은 사람은) 집으로 놀러 오라"고 썼다. 일종의 재력 과시였는데, 게시물에는 집 주소까지 '친절히' 공개돼 있었다.

경찰은 곧장 서씨 집(고양 행신동)으로 이동해 잠복에 들어갔다. 허탕이었다. 이튿날인 3월 4일 오전 수사팀은 아예 서씨에게 전화를 걸었다. 서씨는 사설 스포츠토토를 하다 국민체육진흥법을 위반한 혐의로 몇 달 전 벌금형을 받은 적이 있었다. "추가로 물어볼

게 있다"는 경찰의 제안을 그는 흔쾌히 승낙했다. 고지가 눈앞에 보이는 듯하자 수사팀에 활력이 돌았다.

하지만 서씨는 끝내 수사팀을 찾아오지 않았다.
"일부러 안 온 건지, 못 온 건지 모르겠다."
수사팀 사이에서 그런 말이 터져 나왔다. 3월 4일 오전 11시쯤, 양주 시내에서 조사 장소인 장흥파출소로 향하던 중 서씨 차량이 맞은편에서 달려오는 7톤 대형 트럭과 정면충돌했다. 서씨는 의식을 잃었고, 제삼의 장소에서 조사하기 위해 기다리던 경찰은 소식을 듣고 충격에 휩싸였다. 사고 경위를 수사한 결과, 그는 작심한 듯 속도를 줄이지 않은 채 중앙선을 완전히 넘어가 트럭을 들이받은 것으로 나왔다. 고의성이 짙었다.

경찰은 서씨가 회복할 것이라는 기대를 버리지 않았다. 추가 조사에 박차를 가했다. '지문 주인' 서씨를 용의자로 특정하니 퍼즐이 기가 막히게 들어맞았다. 2월 28일 오후 3시 16분쯤, 서씨 아버지가 소유한 흰색 외제 승용차가 사건 현장 쪽으로 들어왔다 3시 50분쯤 나가는 모습이 인근 마을회관에 설치된 폐쇄회로 TV에 포착됐다. 이 외제차는 오후 5시쯤에도 사건 현장 인근 유치원에 설치된 폐쇄회로 TV에 찍혔다.

행적은 의심을 확신으로 바꾸기에 충분했다. 사건 당일 오전 서씨가 아버지 소유의 흰색 외제차를 몰고 인천 송도(아버지 거주지)에서 나가는 모습이 잡혔다. 당시 신었던 신발을 구해 대조해보니

그을음으로 뒤덮인 경기 양주 살인 방화 사건 현장. 사진 김형준

사건 현장에서 나온 피 묻은 족적과 정확히 일치했다. 3월 2일 중고 물품 거래 사이트를 통해 최 모 씨에게 고가의 시계를 팔아넘기고 700만 원을 입금받은 사실도 드러났다. 보증서를 조회한 결과, 시계는 승철씨가 2015년 7월 서울 강남의 백화점에서 1400만 원가량을 주고 구입한 것이 틀림없었다.

"어쩌면 영원히 봉인될 뻔한 진실의 문이, 지문이라는 열쇠 하나로 열린 셈이었습니다."

윤계장은 서씨의 범행을 확신했다. 하지만 서씨는 범행 동기와 목적 등 숱한 비밀을 남긴 채 교통사고가 난 지 10시간 가까이 되는 저녁 8시, 결국 숨을 거두었다.

이후 서씨가 살인 방화 사건 당일 몰았던 차의 가속페달에서 피해자 승철씨의 DNA가 추가로 발견됐다. "왜 그랬습니까?" 경찰도, 피해자 가족도 묻고 싶은 게 많았지만, 대답할 수 있는 이는 없었다.

용의자 서씨는 피해자 승철씨가 SNS에 올린 시계 등 금품을 노리고 범행을 계획했을 가능성이 높다. 피해자의 사망 원인과 사건 당일 서씨의 행적을 종합해보면, 서씨는 명호씨를 먼저 살해하고 2층 자신의 방에서 내려온 승철씨까지 제압한 다음 안방에 있는 이불을 거실로 갖고 나와 불을 붙였다. 경찰은 이 같은 최종 보고서를 남기고 사건을 '공소권 없음'으로 마무리했다.

지문 수색 2시간 만에 발견된 '진실의 열쇠'

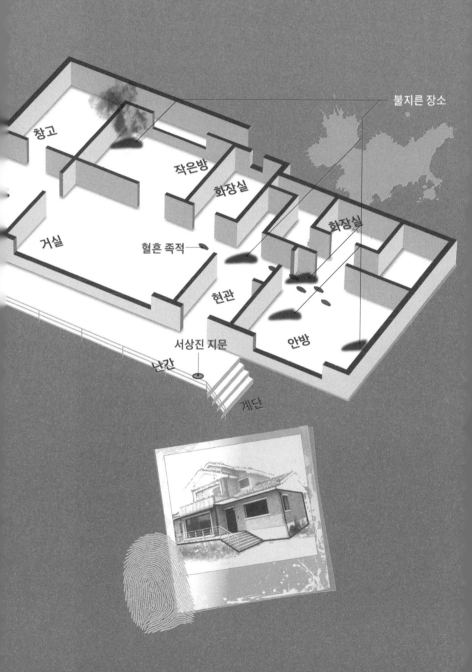

불지른 장소

창고

작은방

화장실

화장실

거실

혈흔 족적

현관

안방

서상진 지문

난간

계단

지문 감정 _____

2017년 3월 2일 오후부터 3월 3일 오전까지 경찰은 열에 약한 지문의 특성을 감안해 '열 사각지대'을 찾아보다가 냉장고와 패물함에서 총 11건 지문을 발견한다. 그중 감정 가능한 것은 6건이었고, 감정 결과 모두 피해자와 가족의 지문인 것으로 확인된다.

3월 3일 오후 세 차례 교차 점검한 끝에 안방 내 화장실과 문밖 난간에서 총 7건 지문을 찾아냈다. 그중 3건이 감정 가능했다. 특히 오후 3시 외부 난간에서 열에 손상되지 않은 지문을 처음으로 발견한다. 수색을 시작한 지 24시간 만이었다.

같은 날 오후 6시 외부 난간에서 나온 지문의 주인이 서상진이라는 지문 감정 결과가 수사팀에 전달된다.

범행 당일 서씨 행적(서씨 아버지 소유의 흰색 외제차가 폐쇄회로 TV에 포착된 것을 추적)

2월 28일 아침 7시 인천 송도의 부모 집에서 흰색 외제차(아버지 소유)를 타고 외출한다.

오전 11시 4분부터 8분까지 아버지가 운영하는 가죽공장을 방문한다(양주 은현면).

낮 12시부터 12시 10분까지 사건 현장에 찾아가 둘러본다(양주 고읍동).

오후 2시 14분부터 49분까지 아버지가 운영하는 가죽공장을 재차 방문한다.

오후 3시 16분부터 50분까지 사건 현장에 들어갔다 나온다. 이때가 범
행 시각으로 추정된다.

오후 4시 13분부터 43분까지 아버지가 운영하는 가죽공장으로 돌아온다.

오후 5시 9분 사건 현장을 세 번째로 찾아간다. 집에서 나오는 모습
은 폐쇄회로 TV에 포착되지 않았다.

피해자 소유의 고가 시계를 거래한 행적

2월 28일 오후 4시부터 6시까지 경기 고양에 있는 전당포와 중고 명품
상점에 피해자 소유의 시계와 보증서를 사진으로 찍어
전송한다.

3월 2일 오후 5시부터 6시까지 인터넷 중고 사이트를 통해 서울 방배동
에 사는 최 모 씨한테서 거래 대금 700만 원을 입금받
은 뒤 제품을 택배 발송한다. 보증서를 조회한 결과, 피
해자가 2015년 7월 26일 서울 강남의 백화점에서 구매
한 제품인 것으로 확인된다.

지문 감식

상자 바닥이나 냉장고 안에서도 온전한 지문이 발견된다

"지문 감식은 영화나 드라마에서 보는 것과는 거리가 멀어도 한참 멉니다."

지문 감식을 해온 지 25년이 넘는 '과학수사 1세대' 윤광상 경기북부지방경찰청 과학수사계장(현 광역과학수사 2팀장)은 현장에서 겪는 고충을 이렇게 말했다.

영화나 드라마를 보면 현장에서 채취한 지문을 시스템에 입력해 데이터베이스에 저장된 지문과 비교할 때 '일치' 또는 '불일치'로 금세 판독이 이뤄지는데, '영화는 영화일 뿐'이란다. 실제론 지문을 입력하면 수십 개의 지문이 나타나고 그중 제일 유사한 지문을 찾아주는 식이다. 그다음은 사람이 육안으로 일일이 확인해야 한다는 게 윤계장의 설명이다.

"결국 '지문 주인'을 최종적으로 판단하는 건 컴퓨터가 아니라 다년간 축적된 인간의 경험과 노하우라는 얘기죠."

지문을 채취하는 과정을 살펴보면 영화 속 장면들과 거리는 더욱 멀어진다. 지문은 시간이 흐를수록 열이나 습기 같은 환경적 요인에 망가질 가능성이 높아지므로, 한번 감식 현장에 들어서면 증거가 될 만한 자료는 최대한 빨리, 많이 얻어내야 한다. 여유롭게 지문을 채취하며 이런저런 토론까지 해가는 모습은 그저 영화의 한 장면일 뿐이다. 윤계장은 그런 절박함을 설명했다.

"상황에 따라선 화장실에 가는 시간도 아끼려고 음식과 물을 안 먹을 때가 많습니다. 양주 살인 방화 사건에서 피의자의 지문 역시 밤새 쉬지 않고 세 차례나 교차 점검(이미 검색한 곳을 다른 요원이 다시 점검하는 방식)한 끝에 발견한 것입니다."

그는 "국내 지문 감식 수준은 이미 세계 정상급"이라고 자신했다. 2005년 인도양 쓰나미 당시 태국 현지에 파견된 그는 '고온 처리법'(익사한 시신에서 나온 훼손된 지문을 뜨거운 물과 접촉시켜 복원하는 기법)을 전 세계에서 모인 과학수사 요원들에게 전파해 사망자 신원을 확인하는 데 혁혁한 공을 세우기도 했다. 직접 개발한 지문 채취용 접착테이프와 광학 기법(광원을 쬐어 지문을 현출하는 방식)에 사용되는 접사 촬영 기구는 중동 등 해외로의 수출까지 앞두고 있다.

열과 습기에 약한 지문의 특성 때문에 현장에서는 지문 감식을 위해 시간과의 싸움이 벌어진다.

윤계장의 사무실 냉장고엔 지금도 감식에 쓸 수십 개의 시약 재료들이 가득하다. 사실상 그도 절반은 과학자가 된 셈이다. 해외에서 들여오는 시약의 가격이 비싸거니와 국내 여건이 열악하다 보니 웬만하면 직접 만들어 사용해온 것이 습관화되었기 때문이다.

"지문 감식을 하는 과학수사 요원의 냉장고는 다 이렇습니다. 신원 확인을 향한 남다른 집념과 사명감이 없었다면 현재 수준으로 발전하지 못했을 겁니다."

11

의정부 연쇄 절도 사건

잠복 마지막 날, 프로파일러가 찍은 핫스팟에
'연쇄 절도범'이 나타났다

2016년 5월 28일 경기 의정부 가능동 주택가. 새벽녘 미처 잠에서 덜 깬 채 부엌으로 발걸음을 옮기던 이진주(49세) 씨는 가슴이 덜컹 내려앉는 공포를 느꼈다.

부엌 창문이 열려 있는 데다 방충망이 보이지 않았다. 분명 어젯밤까지는 멀쩡했는데…. '혹시 바람에 쓸려 떨어졌나' 하고 떨어져 나간 자리를 유심히 들여다보는데 외부에서 힘을 가한 자국이 뚜렷했다. 누군가 힘껏 뜯어낸 흔적이었다.

2층이라고는 하지만, 반지하방을 1층으로 쓰는 집 구조상 180센티미터가 조금 넘는 사람이라면 얼마든지 부엌 방충망을 뜯어내는 게 가능했다. 그렇게 창문을 열고 도둑이 들어왔을 것이라는 생각을 지울 수 없었다. 이리저리 살피던 이씨는 112로 전화를 걸었다.

"옷방에 가방을 따로 두었는데 지갑이 감쪽같이 사라졌어요."

신고를 받은 의정부경찰서는 난감했다. 이씨 이전에도 '새벽 주거 침입 절도' 신고가 이미 가능동 일대에서만 수십 건 접수됐기 때문이다. 수사팀은 '동일범이 저지른 연쇄 절도'라는 걸 본능적으로 감지했지만, 안타깝게도 감을 뒷받침할 과학(증거)이 없었다. 이씨의 신고는 경찰을 더욱 초조하게 만들었다.

범인은 얄미울 정도로 용의주도했다. 흔적을 남겼지만, '침입이 있었다'는 것 이상은 말해주지 않았다. 현장을 이 잡듯 뒤져봐도 지문은 고사하고 머리카락 한 올 나오지 않았다. 족적이 몇 개 나왔지만, 비교할 대상이 없으니 범인을 잡는 데는 무용지물이었다.

오래된 주택이 몰려 있는 가능동 일대는 방범용 폐쇄회로 TV를 제외하면 사설 폐쇄회로 TV가 거의 없었다. 그나마 방범용 폐쇄회로 TV에 딱 두 번, '두건'을 쓴 사람이 찍히기는 했다. 충분히 범인으로 의심할 만한 모습이었다. 그러나 주위에 방범용 폐쇄회로 TV가 있는 것을 보고 바로 뒤로 내빼거나 방향을 틀어버리는 통에, 화면은 용의자를 특정할 수준에 턱없이 모자랐다.

범인의 행방이 오리무중에 빠지자 주민들은 불안감을 감추지 못했다. '우리 집도 언제 털릴지 모른다'는 두려움이 동네를 뒤덮었다. 급기야 긴급 반상회가 열린 가운데 자체적으로 '우리 집 지키기'에 나서야 하는 것 아니냐는 목소리가 나왔다. 의정부경찰서는 한낱 절도범을 잡기 위해 살인 같은 강력 범죄를 전담하는 6개 팀 전체를 투입하기로 했다.

경찰은 일단 이씨 사건을 포함해, 2015년 말부터 2016년 7월 말까지 새벽 시간대에 발생한 침입 절도 사건 모두를 추렸다. 15건이었다. 물론 범인을 잡을 단서는 하나같이 확보된 게 없는 난제였다.

어디에서부터 시작해야 할지 난처했다. 그때 정화수 의정부경찰서 강력3팀장이 아이디어를 냈다.

"지리 프로파일링을 이용해보면 어떨까요?"

지리 프로파일링geographic profiling은 범죄가 발생한 장소와 시간에 토대해 범인이 머무는 곳이나, 다음 범행 지역을 예상하는 과학수사 기법이다. 평소 과학수사에 관심이 많던 정팀장은 지리 프로파일링이 단서 하나 남기지 않고 신출귀몰하는 범인을 잡는 데 도움이 되리라 확신했다. 내친 김에 침입 절도 사건이 벌어진 시간과 장소를 목록으로 만들어 경기북부지방경찰청 과학수사계로 보냈다.

프로파일러 김성혜 경사가 목록을 받았다. 사건을 훑어본 김경사는 우선 동일범 소행인지부터 확인하고 싶었다. 범행이 일어난 지역과 시간, 주택을 침입한 방법 등 범행 수법을 분석하고, 범행 후 범인이 보인 특이한 행동 흔적(시그니처)을 파악해보기로 했다. 예컨대 동일범이라면 특정한 요일과 시간대에 범행을 하고, 성공

하면 현장에서 담배를 피우고 싱크대에 꽁초를 버리고 가는 등 일종의 반복 행위가 발견되기 마련이다.

하지만 별다른 시그니처가 없었다. 지문조차 남기지 않는 범인이 아닌가. 다만 범행 시간대가 유독 김경사의 눈에 들어왔다. 주택 침입 절도는 보통 낮에 빈집을 대상으로 많이 일어나는 편인데, 이번 절도는 사람들이 모두 자는 밤 시간에 벌어졌다. 게다가 주로 화요일과 금요일에 사건이 집중됐다. 불특정 다수가 제각각 벌인 범행이라고 보기는 어려웠다. "동일범일 확률이 높다"는 결론이 내려졌다.

지리 프로파일링이 본격적으로 시작됐다. 먼저 '범인이 범행 장소인 가능동 근처에 살고 있을 가능성'을 따져보기로 했다. 아무래도 가장 잘 아는 곳이 범행을 하기에도 제일 편한 장소라는 게 경험으로 축적된 '상식'이다.

김경사는 15건 중 지역을 굳이 나눌 필요가 없을 정도로 가까이서 발생한 사건을 빼고 남은 12건의 범행 현장에서, 가장 멀리 떨어진 두 곳을 지름으로 하는 원(지름 680미터)을 그렸다. 김경사는 이를 '범행 원criminal circle'이라 불렀다. 범죄심리학 연구에 따르면, 연쇄 범죄에서 범행 원 안에 주거지나 직장 등 범인이 자주 출몰하는 장소가 있을 확률이 80퍼센트 이상에 달한다.

다음 작업은 좀 더 구체적이었다. 범행 원 안에서, 범인이 있을 가능성이 높은 장소를 최소한의 범위로 좁혀내야 했다. 김경사는 네 번째 절도가 일어난 곳, 그 근처를 지목했다. 그 까닭은 이러했다.

"범죄자도 범행을 좀 더 효율적으로 할 생각을 하기 마련이다. 집이나 직장 같은 거점(기항지)에서 가장 짧은 최소 거리로 이동하게 되는데 그 중심 거점이 바로 네 번째 범행지였다."

김경사는 곧장 정팀장에게 전화를 걸었다.

"팀장님! 범인은 네 번째 범행 장소 주변에 있을 확률이 높습니다."

정팀장은 바로 인근 지역에 거주하는 절도 전과자를 추려나갔다. 이 정도 연쇄 절도라면 전과자일 게 뻔하다는 생각이 들었다. 용의 선상에 오른 전과자는 모두 7명이었다. 범인 검거가 눈앞에 다가온 듯했다. 하지만 경찰서로 나와 조사를 받은 7명 모두 절도가 벌어진 시간에 자신이 무엇을 했는지 알리바이를 내미는 데 거리낌이 없었다. 수사는, 다시 원점으로 돌아갔다.

김경사는 잠시 맥이 풀렸다. 다만 회심의 카드가 한 장 남아 있었다. '다음 범행 장소를 예측해서 미리 가서 기다리면 될 것 아니냐'라는 생각이었다.

먼저 가능동 일대에서 범죄가 많이 일어난 지역을 지도에 표시해나갔다. 김경사는 이를 '범죄 다발지역, 핫스팟hot spot 분석'이라고 했다. 범죄가 자주 발생하는 곳(핫스팟) 인근에서 다음 범죄가 일어날 가능성이 높다는 가정에서 출발한 분석법이다. 시간이 지날수록 지도 곳곳이 붉은색으로 물들어갔다.

김경사의 눈이 번쩍 뜨였다. 붉게 물든 핫스팟 세 곳과 절도 범행이 밀집한 가능동 지역 세 곳이 정확히 일치했다. 범인이 범행 다발 지역, 즉 범죄에 취약한 장소를 골라 절도 행각을 벌여왔다는 뜻이다. 무엇보다 김경사가 도출해놓은 핫스팟 중 한 곳에서는 아직 절도가 발생하지 않았다. 마지막 범죄인 열두 번째와 직전 열한 번째가 일어난 곳 '바로 옆'이었다. 그곳이 다음 범행 장소로 유력했다.

김경사는 심호흡을 한번 하고, 다시 전화기를 들었다.

"팀장님, 크게 두 가능성이 있어요. 우선 아직 범행이 발생하지 않은 핫스팟에 범인이 나타날 가능성이 있고요. 그리고….."

김경사가 말끝을 흐렸다. 정팀장이 답을 재촉했다.

"그리고? 그리고 뭐요?"

김경사가 조심스럽게 입을 뗐다.

"그리고 그곳에 범인이 나타날 가능성이 크기는 한데, 왠지 이번엔 초기에 범행을 많이 한 곳으로 다시 돌아갈 것 같아요."

분석대로라면 범인은 아직 범행이 일어나지 않은 핫스팟 지역 내 집을 노릴 가능성이 높았다. 하지만 김경사는 마음에 걸리는 게 몇 가지 있었다. 그곳이 의정부경찰서 바로 옆이라는 점이다. '경찰서 옆이라 범인이 그곳을 의도적으로 지나치고 다른 곳을 찾을지 모른다'는 생각이 머릿속을 떠나지 않았다.

그뿐 아니었다. 폐쇄회로 TV에 잡힌 범인 행적은 혹시나 하는 김경사의 의심에 설득력을 높였다. 범인이 마지막 열두 번째 범행을 저지른 뒤, 김경사가 찍은 초기 범행 지역으로 이동하는 모습이 찍힌 것이다.

"혹시 그쪽이 도망가기 좋아서 그런 게 아닐까요?"

정팀장은 재빨리 머리를 굴렸다. 그러고 보니 가능동은 지하철 1호선(가능역) 철로와 교외선 철로로 둘러싸여 있다. 철길을 따라 뻗어 있는 담을 넘어 다닐 게 아니라면, 100여 미터 간격으로 있는 교차로로 도망갈 공산이 높았다. 김경사가 찍은 그곳에는 마침 교차로가 하나 있었다.

"다시 나타난다면, 범행을 저지르고 곧바로 도망칠 교차로가 가까이 있는 그곳이 맞을 겁니다."

정팀장은 고개를 끄덕였다.

경찰은 잠복 작전에 돌입했다. 날짜는 주로 범죄가 일어난 화요일과 금요일이면서 추석 연휴 기간인 9월 2일, 6일, 9일로 정했다. 잠복 구역은 김경사가 도출해준 핫스팟 지역 네 곳이었다. 정팀장은 고민할 것도 없이 "김경사가 점찍은 그 지역으로 가겠다"고 했다. 정팀장은 속으로 되뇌었다. '제발 나타나라, 나타나라.' 도주로로 추정되는 철길 쪽도 모두 봉쇄해뒀다.

9월 9일, 잠복 작전 마지막 날. 오전 2시부터 숨어 있었지만 3시간이 지나도록 범인은 나타나지 않았다. 새벽 5시 30분. 평소라면 철수 준비를 할 시간인데, 이날따라 형사과장은 대기하라는 명령을 내렸다.

"잠복 일정 마지막 날이고 해도 일찍 뜨니까 오늘은 아침 7시까지 기다려보자."

잠복 시간을 연장한다는 지시가 형사들에게 무전으로 전파된 직후, 새벽 5시 55분. 갑자기 무전기 너머로 정팀장 쪽에서 큰 소리가 들렸다.

"나타났다! 나타났습니다!"

추격전이 벌어졌다. 한 주택의 담을 넘으려던 범인이 주변에 경찰이 있다는 걸 알아채고 도망가기 시작한 것이다. 범인이 형사들에게 둘러싸여 퇴로가 막힌 곳은, 처음 달아난 지점에서 100미터 떨어진 곳이었다. 공교롭게도 '네 번째 범행 지역' 근처였다.

범인은 당시 처음엔 복면을 쓰고 덧신을 신고 있다가 경찰이 안 보이는 틈을 타 다 벗어버렸다. 그리고 체포되자 "나를 왜 잡냐"고 소리치며 "친구와 술을 마시고 집으로 돌아가려던 시민일 뿐"이라고 항변했다. 자신이 용의자와 동일한 사람이라는 증거를 대라고도 했다. 그동안 폐쇄회로TV를 교묘히 피해 다녔지만, 막상 형사들에게 쫓겨 달아나는 급박한 상황에서는 폐쇄회로TV를 신경 쓰지 못했다. 복면과 덧신을 벗어 버리는 장면이 고스란히 폐쇄회로TV에 포착된 것이다.

범인은 61세 남성, 강 모 씨로 밝혀졌다. 강씨는 경찰서에 와서도 범행을 부인했다. 경찰이 주변 정황과 증거로 압박하니 "최근 대여섯 건은 내가 한 게 맞다"고 인정할 뿐이었다. 그는 강도상해 등 전과 15범이었다. 나이를 먹고 전과가 쌓이면서 일자리를 찾

지오프로스[Geopros]
각 지역의 인구, 범죄 통계 등을 토대로 한 범죄 발생 예측 시스템

지리 프로파일링 프로그램인 지오프로스를 사용하는 모습. 사진 드라마 화면 캡처

기가 어려워지자 다시 절도에 나선 것으로 조사됐다. 경찰은 검거하고 열흘 후 스스로 털어놓은 사건을 포함해, 가능동 연쇄 절도 총 23건에 대한 피의자(특정범죄가중처벌법법상 상습절도 혐의)로 강씨를 검찰에 송치했다.

가능동 연쇄 절도범 검거 지리프로파일링 과정

범인이 주로 출몰하는 곳을 찾아라

A 사건 12건 주소 입력
B 가장 먼 거리에 있는 범행지(6번째, 9번째)를
  범행원 도출 및 분석
C 범행 밀집(군집) 지역 3개 도출 및 분석
D 분석 결과, 4번째 범행지 기준
  200m(버퍼존·Buffer zone) 내 범인 주소지 예
E 버퍼존 내 전과자 7명 조사. 모두 알리바이 성립
  범인 검거 실패!

13번째 범행 지역을 예측하라

F 가능동 내 범죄 다발 지역(핫스팟·Hot spot) 분
  연쇄 절도범 범행 밀집 지역 3곳과 일치
G 나머지 한 개 핫스팟(12번째 범행지 오른쪽) 범
  이뤄지지 않음
H 핫스팟 바로 옆 의정부경찰서라 범행 가능성 낮

검거 작전

I 도주로에 가까운 1번 군집 내 범행 예상
J 핫스팟 지역 3곳 잠복 돌입 및 1번 군집 내
  강력 3팀 전원 배치
K 9월 9일 오전 5시 55분, 범인 1군집 내에서
  범행 시도하다 발견
L 100m 추격 후 4번째 범행지 근처에서 긴급체포
  범인 검거 성공!!!

형사 ●
범인 ★

예상 도주로
신촌건널목 오거리
범인 도주
1번 군집

가능동 연쇄 절도범 검거 지리 프로파일링 과정 _____

범인이 주로 출몰하는 곳을 찾아라

A. 사건 12건이 일어난 곳의 주소를 입력한다.

B. 범행 장소 중 가장 멀리 떨어진 두 곳(여섯 번째와 아홉 번째)을 지름으로 하는 범행 원을 그린다.

C. 범행 밀집(군집) 지역 세 곳을 도출해 분석한다.

D. 분석 결과, 네 번째 범행 장소에서 200미터(버퍼존buffer zone) 내에 범인의 주소지가 있을 것으로 예상한다.

E. 버퍼존에 거주하는 절도 전과자 7명을 조사하나 모두 알리바이가 성립된다.

열세 번째 범행 지역을 예측하라

F. 가능동 내 범죄 다발 지역인 핫스팟을 분석해보니 연쇄 절도범 범행 밀집 지역 세 곳과 일치하는 것으로 나온다.

G. 핫스팟 셋 중 한 곳(열두 번째 범행 장소의 오른쪽)에서 아직 절도가 일어나지 않은 것을 확인한다.

H. 하지만 그곳은 또 의정부경찰서 바로 옆이라서 범행 가능성이 떨어진다고 판단한다.

검거 작전

I. 범인의 도주로로 보이는 첫 번째 범행 밀집 구역에서 범행이 일

어날 것이라고 예상한다.

J. 핫스팟 세 곳에서 잠복에 돌입하고, 첫 번째 범행 밀집 구역엔 강력3팀 전원이 배치된다.

K. 2016년 9월 9일 새벽 5시 55분, 범인이 첫 번째 범행 밀집 구역에서 한 집의 담장을 넘으려다 경찰에 발각된다.

L. 100미터를 추격한 끝에 네 번째 범행 장소 근처에서 범인을 긴급 체포한다.

_____

지리 프로파일링

**"한국형 지리 프로파일링 만들려고
'수학의 정석' 세 번 완독"**

"고객이랄 수 있는 형사들에게 좀 더 과학적이고 객관적인 근거를 제시해야 했어요."

한국형 지리 프로파일링 시스템인 '지오프로스GeoPros'의 개발 책임자였던 경찰청 과학수사담당관실 강은경 경감은 '개발한 계기'를 묻자 이렇게 답했다.

"프로파일러로서 당연히 할 일"이라며 웃어 보였지만, 그녀가 말하는 개발 과정을 들어보면 끈기와 집요함이 잔뜩 묻어났다.

강경감은 원체 지리 프로파일링에 관심이 많았다. 당시 미국에서 쓰는 지리 프로파일링 프로그램 '크라임 스태트CrimeStat'는 고난도 기술이라는 게 불만스러웠다. 전문가만 사용할 정도로 구동 방법이 까다로워 현장에 바로 투입하기엔 무리가 있었다. 우선 범죄 현장에 대한 위성위치확인 시스템(GPS)의 좌표 값을 알아야 하고, 그걸 알아내도 다시 크라임 스태트용 데이터로 변환해 지도에 입력해야 했다.

그녀는 한국형 프로그램의 가능성을 모색했다.

"우리나라는 범죄 정보가 꼼꼼히 전산화돼 기록된 형사사법정보 시스템(KICS)이 있다. 이 정보와 지리정보 시스템(GIS)을 연계하면 미국 프로그램이 안고 있는 문제는 얼마든지 해결 가능하다고 생각했습니다."

문제는 역시 돈이었다. 본격적으로 개발에 나선 때가 2008년, 하지만 강경감에게 주어진 돈은 3억 원에 불과했다. 단순히 모니터상의 지도에 범죄 정보를 뿌리는 프로그램을 구현하는 데만 해도 10억 원 가까이 필요했다.

주머니 사정이 넉넉하지 않은 상황이라 연구는 사실상 혼자 해나가야 했다. 지리 프로파일링은 '예측'을 하는 게 필수이므로 개발하는 데 확률과 통계 지식이 반드시 필요했다. 강경감은 우리 현실에 맞는 함수 공식을 만들기로 작정했다.

"기초부터 차근차근 공부하기 위해 고등학생용 '수학의 정석'을 세 번 완독했습니다. 지리학, 통계학 교수한테도 끊임없이 찾아가죠."

이런 과정을 거쳐 2009년 지오프로스가 탄생했고, 이듬해 한국

지리 프로파일링은 강력 사건 범인을 잡는 데뿐 아니라 우범 지역을 분석해서 범죄를 예방하는 데도 쓰인다. 사진 조원일

일보 1면 보도(2010년 3월 3일자)를 통해 세상에 공개됐다. 수사 중인 범죄 정보를 입력하면 범죄자 정보와 동종 범죄 발생 패턴을 분석해 범인의 은신처를 지도상에서 수백 미터까지 좁혀주는 기능을 가진, 우리만의 프로그램이 나온 것이다. 지리 프로파일링에 대한 한국적 개념이 완성되는 순간이었다.

"강력 연쇄 사건 범인을 잡는 데 활용되는 것도 중요하지만, 지구대 등 일선 현장에서 주요 우범 지역을 분석하는 데 쓰여 범죄를 예방했으면 했죠. 그런 경우를 보면 뿌듯한 마음까지 듭니다."

12

필리핀 사탕수수밭 살인 사건

총격 피살된 한인 사기단, 지문 묻은 콜라 캔이 열쇠였다

2016년 10월 11일 아침 6시(현지 시간) 필리핀 팜팡가주 앙헬레스.

비가 그친 아침, 끝도 없이 펼쳐진 사탕수수밭으로 들어서던 농부는 새빨간 피 웅덩이를 보고 소스라치게 놀랐다. 바로 옆으로는 3미터에 달하는 사탕수수 줄기가 비탈을 따라 한쪽으로 누워 있었다. 누군가 무거운 물체를 밭 위에서 비탈로 굴린 것 같았다. 조심스레 줄기가 가리키는 방향을 들여다보던 농부의 눈에 흙으로 반쯤 덮인 채 버려진 사람이 들어왔다. 뭐가 그리 급했는지, 제대로 땅도 파지 않고 대충 갈무리한 모습이었다. 머리에 총상이 있는 시신이었다.

필리핀 경찰은 11미터 떨어진 곳에서 시신 두 구를 추가로 발견했다. 남녀가 포개진 모습으로 숨져 있었고, 역시나 머리에 총상이 뚜렷했다. 총상 부위가 같고 장소가 동일한 것으로 보아 범인은 한 사람일 확률이 높았다. 필리핀 경찰은 한국에서 수사 공조를 위해 파견 나온 '코리안 데스크'에 곧장 도움을 청했다. 시신의 인상착의를 볼 때 한국인이 분명했기 때문이다. 코리안 데스크가 채취한 지문을 한국에 보내 감정하게 한 결과 신원이 금세 나왔다.

피해자들은 서울 강남에서 다단계 유사수신업체(고수익을 보장한다며 불특정 다수에게서 투자금을 끌어모으는 회사)를 운영하던 남성 A씨(47세)와 B씨(51세) 그리고 여성 C씨(48세)였다. 사건 두 달 전인 8월 중순 다단계로 150억 원가량을 가로챈 혐의로 경찰 수사를 받던 중 사라진 사기범 일당이었다. 다단계 피해자 누군가가 해외로 찾아 나섰다가 보복 살인을 한 걸까.

경찰은 수사 전문가 네 명을 급파했다. 서울지방경찰청 과학수사계 김진수 경위와 프로파일러 윤태일 경사, 국제범죄수사대 팀장 정백근 경위. 여기에 총기 살인인 점을 감안해 국립과학수사연구원 총기연구실장 김동환 박사가 합류한 '드림팀'이 필리핀행 비행기에 몸을 실었다.

기대할 건 현장뿐이었다. 뭔가 단서가 될 만한 것이 사탕수수밭에서 발견되기를 바랐다. 38도가 넘는 날씨, 가만히 서 있어도 비오듯 쏟아지는 땀을 닦으며 수사팀은 분주히 움직였다.

"탄피라도 나온다면 강선(총기 내부에 나사 모양으로 파 놓은 홈) 흔적을 보고 총기 종류를 알아내고, 만약 등록된 총이라면 용의자를 쉽게 특정할 수 있을 겁니다."

필리핀 경찰의 도움을 받아 사탕수수를 베어낸 수사팀은 김박사의 독려 아래 오후 내내 바닥에 쪼그려 앉아 흙을 체로 걸러냈다. 그렇게 꼬박 이틀이 지났다. 반경 11미터가 넘는 땅을 이 잡듯 훑었지만 탄피는 나오지 않았다.

수사가 제자리걸음만 한 것은 아니었다. 한인 커뮤니티가 힘을 발휘했다. 앙헬레스에는 한국인 24가구가 모여 사는 '고향빌'이라는 마을이 있는데, 거주민 중 한 명이 "마을에서 피해자들을 목격한 적이 있다"는 증언을 한 것이다. 피해자가 묵었던 숙소가 모습을 드러냈다.

피해자들은 현지 불법 도박장에서 일하는 박성열(39세) 씨의 집에 살았었다. 박씨는 사건 직후 한인회 자치기구에서 부르자 직접 찾아가 해명했다.

"피해자들과는 카지노 투자 사업을 함께 했던 사이다. 몇 달간 같이 지낸 건 맞지만, 누가 죽였는지는 짐작도 가지 않는다."

박씨가 범인일 가능성을 배제할 수 없었지만 증거가 없었다. 박씨를 다시 불러 조사할 명분도 없었다.

수사팀은 피해자의 집을 꼼꼼히 살폈다. 집에서 피해자들을 살해한 뒤 사탕수수밭으로 옮겼을 수도 있었다. 김진수 경위는 거실과 방 구석구석에 루미놀을 뿌려가며 조사했다. 어디에도 혈흔은 없었다.

"적어도 이 숙소는 범행 현장이 아니라는 얘기군."

피해자들이 사탕수수밭에 끌려가는 도중에, 혹은 그 뒤에 살해됐을 가능성이 높아졌다.

거실에서 빈 콜라 캔 네 개가 발견됐다. '피해자 셋과 범인?' 김경위가 캔 표면에 지문 채취용 분말을 발랐다. 지문 두 개가 드러났다. 상태가 좋았다. 지문 형태를 디지털카메라로 찍은 뒤, 서울에 있는 과학수사센터로 보냈다.

"지금 당장 지문 조회를 부탁합니다. 빨리요!"

회신을 받고 살펴보니, 하나는 집주인 박씨, 다른 하나는 김동수(35세) 씨의 것이었다. 새로운 인물이 나왔다.

"김동수? 누구지?"

김동수라는 인물은 다른 곳에서도 포착됐다. 김경위가 지문을 한창 확보하던 때, 정백근 팀장은 한인들이 주로 찾는 한인 타운을 탐문하고 있었다. "며칠 전만 해도 박성열과 김동수가 같이 있었다"는 진술이 나왔다. 김동수라는 인물이 용의자로 급부상했다.

김씨는 사건 다음 날 김해공항을 통해 한국으로 귀국한 상태였다. 원래는 인천국제공항에 10월 15일 도착할 예정인 비행기를 예약했지만, 급히 일정을 변경한 사실이 확인됐다. 정팀장은 한국에 있는 국제범죄수사대 팀원들에게 "김동수의 신병을 확보하라"는 지시를 내렸다. 조사할 이유가 생겨 부르려 했지만, 박씨는 이미 연락을 끊고 도주한 뒤였다.

정팀장은 앙헬레스 시내에서 박씨가 목격된 곳 중심으로 폐쇄회로 TV 수십 대를 확보해 분석에 들어갔다. 밤새 확인해본 정팀장은 한국에 있는 수사팀에도 영상을 보내 분석하도록 했다. 한국에 도착한 폐쇄회로 TV 영상 용량만 총 4테라바이트, 폐쇄회로 TV 한 대가 한 달 동안 쉬지 않고 찍어야 나올 정도의 어마어마한 분량이었다.

고향빌을 출입한 장부에서는 박씨 소유의 차량이 드나든 기록이 나왔다. 사건 당일 문제의 차량이 고향빌에서 새벽 4시 나간 것으로 적혀 있었다. 폐쇄회로 TV에는 고향빌 쪽을 벗어난 차량이 24분 후 사탕수수밭으로 향하는 길로 접어드는 장면이 찍혔다. 농부가 시신을 발견한 때가 그날 아침 6시. 어느 정도 범행 시간 추정이 가능해졌다.

박씨는 한인회 조사에서 "피해자들을 밤 9시쯤 식당에 태워다 준 게 마지막이었다"고 말했지만, 식당 근처 폐쇄회로 TV에는 그런 장면이 나오지 않았다. 잠적한 당일 박씨가 카지노에 맡겨둔 3000만 페소(6억 7000만 원가량)를 찾아갔다는 기록도 발견했다. 여러 단서는 박씨를 유력 용의자로 지목하고 있었다. 물론 그와 가까운 김씨는 한국으로 급히 귀국한 것을 보더라도 공범일 공산이 컸다.

하지만 그들을 살인범이라 지목하기엔 '결정적인 한 방'이 없었다. 10월 19일 오전 11시쯤 경남 창원에서 김씨를 긴급 체포했지만, 범행을 완강히 부인하는 그를 이튿날 풀어줄 수밖에 없었다. 구속영장을 신청하기에는 가진 단서가 부족했다.

10월 21일 수사팀이 귀국했다. 김씨에게서 자백을 받아내는 수밖에 없었다. 몇 차례 경찰서로 불렀지만 성과가 쉽게 나올 리 만무했다. 그사이 김씨 집에서 확보한 가방 끈과 반바지에서 잔류 화약이 발견됐다. 하지만 김씨는 "사탕수수밭에 간 적이 없다"고 하다가 "가긴 갔는데 낮에 갔다"고 말을 바꾸는 식으로 진술이 뒤죽박죽이었다. 시간은 그렇게 계속 흘러갔다.

11월 17일, 코리안 데스크와 필리핀 이민청이 박씨를 마닐라에서 검거했다는 소식을 전해왔다. 정팀장은 다시 한 번 김씨를 불러냈다.

"아무리 증거를 들이밀며 추궁해도 입을 안 열기에, 속을 박박 긁어놨죠. 박성열은 7억 가까이 챙겨서 여자랑 도망 다니는데, 너한테는 한 푼도 안 떨어진 것 아니냐는 식으로 도발을 했습니다."

정팀장이 말했다. 도발과 자극 등 온갖 기술을 다 동원한 지 5시간 만에, 아무 말 없던 김씨가 갑자기 입을 열었다.

"같이 있었습니다. 사탕수수밭에요."

막힌 둑이 터진 듯 사건의 전말이 김씨 입에서 술술 터져 나왔다.

피해자들은 사기 혐의로 경찰 수사가 시작되자 평소 알고 지내던 박씨에게 도움을 청해 필리핀으로 도피했다. 은신처를 제공

피해자들의 시신이 발견된 사탕수수밭 현장을 한국에서 파견된
수사팀이 감식하고 있다. 사진 서울지방경찰청

받은 대가로 셋은 박씨가 운영하는 카지노에 공동 투자했다. 몇
달 뒤 돈 문제로 다툼이 생기면서 박씨는 그들을 제거한 뒤 돈을
독차지하겠다는 생각을 하게 됐다. 그리고 김씨를 '킬러'로 끌어
들였다. "1억 원을 줄 테니까 필리핀으로 와서 사람을 죽여달라"
는 제안이었다. 김씨는 단박에 승낙하고 10월 4일 필리핀에 입국
했다.

10월 11일 오전 2시 20분쯤 사건이 시작됐다. 박씨는 총으로 피
해자들을 협박해 방 한군데로 몰았다. 김씨는 겁에 질린 피해자들

의 손과 발을 접착테이프로 감고, 옷장 안 금고의 비밀번호를 알 아내 안에 든 돈을 챙겼다. 250만 원 정도였다.

박씨와 김씨는 미리 준비한 승합차 트렁크에 피해자들을 싣고 사탕수수밭으로 향했다. 쓰러진 피해자들의 목을 밟고서 차례로 머리를 쏘았고, 시신을 비탈로 굴렸다. 김씨는 준비해 간 삽으로 깊이 30센티미터 남짓 구덩이를 파 A씨를 대충 묻었다. B씨와 C 씨는 11미터 정도 끌고 들어가 사탕수수밭에 아무렇게나 던졌다. 사람 손이 자주 닿지 않는 광활한 사탕수수밭, 운이 좋다면 몇 년 간 발각되지 않을지도 몰랐다. 정팀장은 다른 증거물도 찾아냈다.

"김씨가 귀국한 뒤 버린 휴대폰을 경남 밀양강에서 찾아냈는 데, 거기서도 살인을 모의한 문자메시지 내용이 그대로 나왔습 니다."

2017년 6월 서울중앙지방법원은 강도살인과 사체유기 등 혐의 로 기소된 김씨에게 징역 30년을 선고했다. 김씨는 항소심에서도 1심과 같은 형량을 선고받아 형이 확정됐다. 체포된 뒤 필리핀 외 국인보호소에 수감돼 있던 박씨는 2017년 3월 도주하다가 두 달 만에 붙잡혔는데, 법원에서 재판을 받고 구치소로 돌아오는 중 또 다시 달아나기를 반복했다. 2020년 10월 다시 붙잡힌 그는 필리핀 대법원에서 살인 혐의로 장기 60년의 징역이 확정된 가운데 현재 까지 국내 송환이 추진되고 있다.

오전 2시 20분~4시
피해자 3명 총기로 위협해
한 방에 몰아넣은 후
테이프로 결박

피해자들 폭행해 금고에서
약 250만원 절도

차 트렁크에 피해자들 싣고
고향빌 나섬

오전 5시 54분
피의자들 숙소 돌아가
범행 흔적 은멸 시도

고향빌 숙소

주유소

오전 5시 45분
주유소 CCTV
사탕수수밭이 있는 방향에서
고향빌 쪽으로 돌아감

오전 4시 24분
주유소 CCTV
사탕수수밭으로
향하는 도로 진입

파시그 -
포트레로 강

메가 다이크 액세스 로드

오전 4시 45분~5시(추정)
총으로 피해자 3명 차례로 살해

오전 5시 20분(추정) 사탕수수밭 안쪽
박성열, 시체 세 구 비탈길 밑으로 굴려버림
김동수, 시체 한 구 가까운 땅에 묻고 나머지 두 구 유기

필리핀 사탕수수밭 살인 사건 당일 피의자들 행적

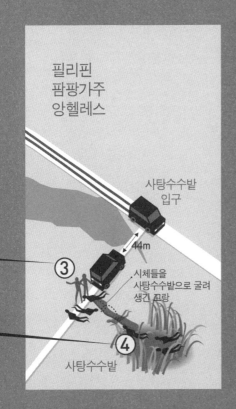

필리핀
팜팡가주
앙헬레스

사탕수수밭
입구

44m

③

시체들을
사탕수수밭으로 굴려
생긴 고랑

④

사탕수수밭

사건 당일 피의자들 행적 —————————————

2016년 10월 11일 오전 2시 20분부터 새벽 4시까지 피해자 세 명을 총기로 위협해 한방에 몰아넣은 후 접착테이프로 결박한다. 피해자들에게서 비밀번호를 알아내 금고에서 250만 원가량을 훔친다. 차 트렁크에 피해자들을 싣고 고향빌을 나선다.

새벽 4시 25분 사탕수수밭으로 향하는 도로로 진입한다.

새벽 4시 45분부터 5시(추정)까지 총으로 피해자 세 명을 차례로 살해한다.

새벽 5시 20분(추정) 박성열이 시체 세 구를 사탕수수밭으로 굴려 버린다. 김동수는 시체 한 구를 가까운 땅에 묻고 나머지 두 구는 사탕수수밭 안쪽에 유기한다.

새벽 5시 45분 사탕수수밭이 있는 방향에서 고향빌 쪽으로 돌아간다.

새벽 5시 54분 피해자들의 숙소에 들어가 범행 흔적을 지우고 없앤다.

해외 현장 감식

국내 전문가를 파견해
현지 경찰이 놓친 결정적 증거를 찾아낸다

2012년 5월 첫 '코리안 데스크'인 서승환 경정이 필리핀 마닐라 행 비행기에 몸을 실었다.

한국인이 매년 10명가량 피살될 정도로 치안 상황이 좋지 않은 필리핀에 한국인 사건 담당 경찰을 아예 상주시키겠다는 목적이 었다. 이후 교민들의 치안을 위한 요구는 증가했고, 2015년부터 는 부족한 현지 과학수사를 보완하기 위해 현장 감식 전문가 등 과학수사 요원을 단기 파견하고 있다. 총 여덟 차례에 걸쳐 수사 팀이 파견됐고, 이번 앙헬레스 사탕수수밭 사건은 다섯 번째다.

2015년 12월 20일 살인 사건이 벌어지자 김진수 서울지방경찰청 과학수사계 경위를 포함해 경찰 세 명과 총기 전문가 한 명이 처음으로 파견됐다. 조 모(57세) 씨가 바탕가스주 말바르에 있는 자택에서 잠을 자던 중 총에 맞아 숨졌다. 이튿날 현지에 도착한 수사팀은 현장 감식을 다시 진행해 탄피 두 개와 실탄을 발견하고, 인근 폐쇄회로 TV 화면을 보정해 용의 차량을 특정하는 성과를 냈다. 모두 현지 경찰이 놓친 결정적 증거였다.

2016년 5월 20일 수도 마닐라에서 선교사 심 모(57세) 씨가 괴한이 휘두른 가스통에 맞아 숨지는 사건이 발생했을 때도, 현장 감식과 폐쇄회로 TV 전문가 두 명이 파견됐다. 필리핀 경찰과 공조 수사를 벌여 범행 현장 인근에서 피 묻은 셔츠를 발견하고, 폐쇄회로 TV를 분석해 이웃 주민인 E씨(25세)를 범인으로 특정함으로써 자백을 받아냈다. 이번 앙헬레스 사탕수수밭 사건도 국내 전문가들이 파견되지 않았다면 미제로 처리될 사건이었다.

그럼에도 한계는 명확하다. 총 여덟 차례 파견 사건 중 실제 범인을 잡는 데 성공한 경우는 3건에 불과하다. 사건이 발생하고 상당한 시간이 지나서야 현장에 도착할 수밖에 없는 현실, 증거를 확보해도 제대로 수사하지 않는 현지 경찰 시스템 문제가 발목을 붙잡는다. 예컨대 필리핀은 7100여 개 섬으로 이루어져 있어 범인이 한번 피신하면 찾기 어려워진다. 실제 살인범 등 강력범을 검거한 비율이 10퍼센트도 안 된다.

지금까지 다섯 차례 해외 파견을 나간 김진수 경위는 일정한 한

수사팀은 콜라 캔에서 채취한 지문을 서울로 보내 용의자 김동수를 특정하는 데 성공했다.
사진 서울지방경찰청

계 속에서 임무를 수행하는 어려움을 말했다.

"각 국가 당국의 협조가 가장 중요한데, 그나마 필리핀에는 코리안 데스크가 있어 나은 편입니다. 일부 국가에서는 아예 현장이나 시신에 접근조차 못 하게 해 곤란할 때가 많아요. 한정된 시간 안에 증거를 하나라도 더 확보해야 한다는 절박한 심정으로 해외 현장 감식에 임하고 있습니다."

완전범죄를 노린 유례없는 범죄 행태와
이를 뛰어넘으려는 수사기관의 노력.
양자의 치열한 수 싸움이 펼쳐진다.

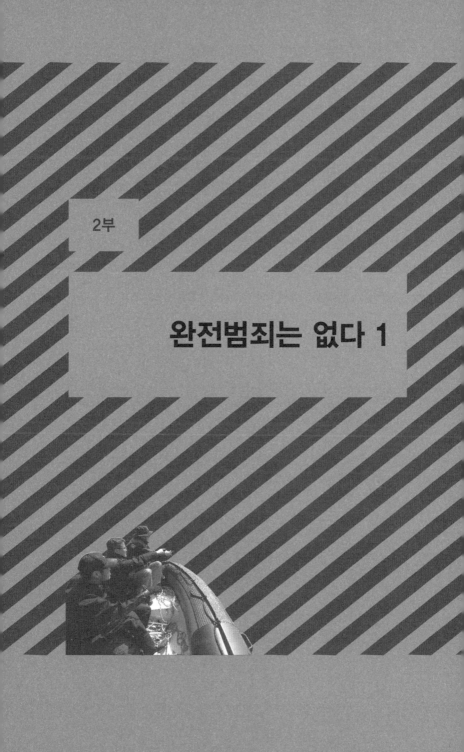

2부

완전범죄는 없다 1

13

고급 전원주택 연쇄 강도 사건

혼선 주려고 흘려 놓은 타인의 꽁초, 그리고
수백 미터 밖에 또 하나의 꽁초

2012년 5월 13일 경남 진주교도소 앞. 줄담배를 피워대던 강정
구(49세) 씨가 물고 있는 담배를 땅바닥에 내팽개치곤 인기척이
난 정문 쪽으로 달려가며 외쳤다.

"고생 많았데이."

"고생은 무신. 한두 번이가."

응수하는 홍인태(49세) 씨 얼굴에 웃음꽃이 가득했다. 돈 좀 뺏
어보겠다고 주먹을 휘둘렀다가 꼬박 4년 철창신세를 진 홍씨가
마중 나온 강씨의 손을 꼭 잡았다.

"반갑데이."

둘은 1998년 바로 이곳 진주교도소에서 연을 맺었다. 그렇게 엮

인 교도소 담벼락 안 우정은 질기고 질겼다. 2000년 출소한 뒤 둘은 금세 다시 뭉쳤다. 8년 뒤 홍씨가 다시 수감됐을 때 교도소 안에서 가장 먼저 반겨준 이도 강씨였다. 값나가는 고물이나 전선을 훔치는 상습 절도범인 강씨는 2년 6개월 징역형을 받고 먼저 자리를 잡고 있었다.

"이 사람은 누고?"

홍씨가 강씨 옆에 조용히 서 있는 남성을 가리켰다.

"저도 형님(강씨)하고 교도소에서 만났습니다."

두 사람보다 한 살 아래, 지금은 철학관을 운영하고 있다고 자신을 소개한 손영화(48세) 씨다. 그 또한 절도 혐의로 2007년 12월부터 3년간 진주교도소에서 옥살이를 하는 동안 강씨와 친분을 쌓았다고 했다.

"형님, 밥이나 먹으면서 얘기 나누시죠."

손씨의 살가운 얼굴과 말투가 맘에 쏙 들었다. 교도소 근처 식당에 자리를 잡은 이들의 대화는 잠시도 끊이지 않았다. "빵(교도소)에서 나간 담에는 뭐하고 지냈는가" "그 교도관, 잘 있는가" 질문은 질문을 낳았고, 대답은 또 다른 대답으로 이어졌다.

한두 시간이 흘렀나. 왁자지껄하던 목소리가 순간 차분해졌다.

"요즘 고급 주택에 관심이 참 많은데…." 강씨가 주위를 획 둘러본 뒤 조심스레 말했다. "한번 들어보겠는가?"

강씨와 손씨는 교도소에서 나온 지 얼마 안 된 2011년 9월부터 부산과 경남 일대 고급 전원주택을 골라 도둑질을 했고, 홍씨가 출소할 즈음엔 슬슬 범행 반경을 경기도로 넓혀가고 있었다. 강씨는 "벌써 반년 넘게 여덟 곳이나 털었는데, 경찰이 우릴 통 못 잡네"라고 했다.

"용하네, 용해." 홍씨 눈이 점점 밝아졌다. "그래, 뭐, 같이 해봅시다!"

무엇보다 고급 전원주택이 대상이라는 점이 마음에 쏙 들었다. '대부분 벌 만큼 벌고 인생 정리 차원에서 한번 쉬어보려는 노년층이 주인일 것이다. 집 또한 도심을 벗어난 한적한 곳에 있어서 은행을 자주 오가기도 어려울 것이므로 집에는 분명 금고가 있을 테고, 그 안에 현금이나 보석 같은 고가 귀중품이 보관돼 있을 공산이 크다.' 홍씨 머릿속에서 셈이 빨라졌다.

'가진 게 많지만 저항할 힘은 떨어진다. 범행을 저질러도 남들이 곧바로 알아채기 어려운 곳에 있다. 한몫 크게 챙기기 좋으면서도, 경찰에 걸릴 가능성이 적다.' 결론이 곧바로 내려졌다.

일행과 합류하기로 한 홍씨는 활동 범위를 확대하자는 제안을 먼저 했다. 강씨가 새 범행 지역으로 물색했던 경기 용인과 성남 일대에 머물지 말고 수도권 전체를 보자는 얘기였다.

셋은 의기투합해 실행에 옮겼다. 인터넷 포털 사이트에서 '고급 전원주택'을 검색하면 탐나는 집이 수두룩이 나왔다. 검색하고, 털고, 도망치고. 한번 털 때마다 이전엔 쥐기 힘들었던 '짭짤한' 돈이 생기니 홍도 났다. 가끔 미수에 그쳤지만, 6000만 원까지

하는 귀금속을 한 번에 손에 넣거나 3000만 원에 달하는 현금을 손에 쥘 때도 있었다. 가진 것 없는 사람을 때리고 협박해 돈을 뺏고, 전선을 훔치던 옛날이 후회스럽기까지 했다.

빈집이 우선 대상이었지만, 주인이 있다고 빈손으로 물러난 적은 없었다. 대나무 작대기, 과도, 낫 등 흉기를 들고 위협한 뒤 집에 있는 넥타이나 노끈으로 집주인의 손발을 묶어 금고 비밀번호를 알아냈다. 저항하면 살해 협박이나 폭력도 서슴지 않았다. 골프채로 머리를 내리쳐 피해자를 중태에 빠뜨린 적도 있었다.

홍씨 일당이 활개를 치는 동안 수사는 지지부진했다. 사건 현장엔 무엇보다 단서가 없었다. 폭행을 당한 피해자들은 하나같이 "복면을 쓰고 있어 얼굴을 보지 못했다"고만 했다. 스타킹을 뒤집어쓰고 있었다는 증언, 농업용 장화를 신은 것 같다는 진술뿐이었다. 지문이나 머리카락, 족적 같은 흔적은 아무 데서도 찾을 수가 없었다. 폐쇄회로 TV도 큰 도움이 되지 않았다.

"찍혔다 싶으면 범인들이 아예 폐쇄회로 TV 본체를 들고 가버리는 통에 아무것도 건질 게 없었습니다."

경찰은 한숨을 쉬었다. 범행 현장에서 발견된 담배꽁초 몇 개가 그나마 수확이라면 수확이었다. 지푸라기라도 잡으려는 경찰은 국립과학수사연구원에 분석을 의뢰했는데, 주인은 모두 사건과 무관한 인물들로 밝혀졌다.

"어딘가에서 담배를 주워다가 일부러 흘렸구나."

경찰은 어이가 없었다.

이동 경로를 파악하는 것도 난제였다. 사건마다 범인의 것으로 추정할 만한 '중복 차량'(범행 장소를 오가는 동안 두 차례 이상 노출된 차량)은 보이지 않았다. 홍씨는 뒷날 경찰에 이렇게 털어놨다.

"비밀은 야산 노숙에 있다. 전원주택 지형이 산과 가깝다는 점에 착안해, 범행 전날 대포차로 목표지 인근의 산으로 이동했다. 산에서 하루를 묵은 뒤 목표로 삼은 집에 침입하는 식이었다."

이들은 범행을 마치고 나면 서로 전화 통화를 하지 않았고, 한 번 범행을 하고 나면 일정 기간 휴식 기간을 갖은 뒤 다른 지역으로 이동해 범행을 저질렀다. 그렇게 수법이 치밀한 까닭에 경찰의 추적을 피할 수 있었다.

경찰은 더 두고 볼 수 없었다. 2014년 3월 14일 경찰청이 주관한 수사 공조 회의가 열렸다. 관할 지역과 관계없이 머리를 모아 범인을 잡겠다는 의지였다. 전국에 걸쳐 수사망이 전원주택 연쇄 강도 사건에 집중됐다. 이때까지 홍씨 일당이 쓸고 지나간 곳으로 경찰이 파악한 것만 3년간 38곳에 달했다.

수사 공조를 위해 전국 각지 경찰서가 사건 자료를 공유됐다. 이곳저곳에서 수십 건의 사건 내용과 초동 수사 자료를 다시 검토했다. 서울광진경찰서 김태욱 강력1팀장도 바짝 촉을 세웠다. 최근 광진구에서 비슷한 수법의 주택 절도 사건이 잇따라 벌어지고 있었다.

2013년 6월 부산 기장, 같은 해 9월 성남 수정, 2014년 1월 경남 진주에서 일어난 전원주택 빈집 털이 사건 자료가 김팀장 책상 위에 가지런히 놓였다. 세 곳에서 모두 담배꽁초가 발견되어 경찰은 채취한 침으로 유전자 분석을 진행했었다.

"세 곳에서 발견된 DNA가 공교롭게 동일한 사람이더군요. 그런데 알리바이가 확실해요. 누군가 수사에 혼선을 주려고 그 사람이 피운 꽁초를 주워다 각기 다른 현장에 뿌려놓은 거죠."

일단 세 사건은 동일범의 소행이라는 얘기였다.

뜻밖의 곳에서 단서가 추가됐다. 수사 기록을 뒤적이다가 기장 사건 자료에서 DNA 주인이 특정된 또 하나의 꽁초가 있다는 걸 알게 됐다. 범행 현장에서 수백 미터나 떨어진 야산에서 발견된 터라, 당시 사건을 맡았던 경찰은 참고인 조사는 했지만 그의 말만 듣고 해당 DNA 주인은 범인이 아니라고 결론 내렸다. 그간 발견된 수많은 담배꽁초가 오히려 수사에 방해가 됐다는 점도 영향을 미쳤을 것이다. 김팀장은 뭔가 있다는 예감이 들었다.

"자발적인 협조 없이 DNA 정보를 특정할 수 있었다는 건 대상이 전과자라는 얘기였습니다. '혹시 범인이 아닐까' 의심하게 됐죠. 왠지 느낌이 좋았습니다."

결정타는 목격자의 등장이었다. 2014년 1월 용인에서 미수에 그친 동일 수법 사건이 있었는데, 동네 주민이 범인의 얼굴을 목격했다는 사실이 자료에 남아 있었다.

"사진을 들고 무턱대고 목격자를 찾아갔는데, 기장 사건에서 나온 DNA 주인의 얼굴을 정확히 찍더군요."

범인들은 범행 현장과 멀리 떨어져 있다는 사실에 안도한 나머지 실수로 자신들이 피운 담배꽁초를 남겼다. 사진 서울 광진경찰서

그 DNA 주인이 바로 홍씨였다. 완전범죄를 위해 꽁초에 집착했으나, 범행 현장과 멀리 떨어져 있다는 사실에 안도한 나머지 실수로 흘린 것으로 보인다.

경찰은 곧장 체포 영장을 발부받아 경남 김해의 한 원룸에서 홍씨를 붙잡았다. 2014년 11월, 3년간 전국을 누빈 빈집 털이범의 손목에 마침내 수갑을 채웠다.

홍씨는 경찰 조사에서 "모든 범행을 강정구와 함께 했다"고 술술 털어놓았다. 강씨는 이미 몇 달 전 홀로 절도를 벌이다 붙잡혀 포항교도소에 수감돼 있었다.

공범 손씨는 부산에서 검거됐다. 범행 후 곤궁히 지냈던 다른 둘과 달리 그는 고급 주택과 외제차를 보유하는 등 호의호식하며 지내고 있었다.

"셋이 훔쳤어도, 부는 장물 판매를 맡았던 손씨에게 집중됐던 거죠."

처음엔 공범에 대해 함구하던 두 사람도 공범 손씨가 호화 생활을 하고 있다는 경찰의 말에 함께 한 범행 일체를 털어놨다. 상습 특수강도 등 혐의로 재판에 넘겨진 이들은 2016년 5월 1심 재판에서 각 10년(홍인태), 8년(강정구), 7년(손영화)의 중형을 선고받았다.

고급 전원주택 연쇄 강도 사건 주요 범행 경로

6 도주

5 대포차 쪽으로 이동

2 등산객 위장 후 야산 진입

4 야산으로 복귀, 폐쇄회로(CC)TV 등 처리

3 1박 후 주택침입 해 범행

고급전원주택

1 범행 하루 전, 대포차로 범행장소 인근 야산 입구 도착

특이범행수법

사건현장에
의 담배꽁초 투척

범행 때마다
다른 대포차 활용

야산 이동 시
등산복 착용

머리엔 복면 · 스타킹,
손 · 발엔 각각 장갑, 장화 착용

폐쇄회로(CC)TV
본체 훼손 및 소훼

A 분석결과 혼선

이동동선 노출방지

범죄자 의심 방지

DNA, 지문, 족적 노출 방지

영상기록 삭제

특이 범행 수법 _____

1. 사건 현장에 타인이 피운 담배꽁초를 남김으로써 경찰의 DNA 분석에 혼선을 준다.
2. 범행 때마다 대포차를 바꿔 타 '중복 차량'이 없게 함으로써 이동 동선이 노출되는 것을 방지한다.
3. 범행 장소 인근 야산을 돌아다닐 때는 사람들의 눈에 띄지 않도록 등산복 차림을 한다.
4. 범행을 할 땐 머리엔 복면과 스타킹, 손과 발엔 장갑과 장화를 착용해 DNA와 지문, 족적을 남기지 않는다.
5. 범행 장소에 있는 폐쇄회로 TV는 본체까지 뜯어 가 불에 태워 버림으로써 영상 기록 자체를 남기지 않는다.

_____

치밀한 위장

"비밀은 야산 노숙에 있었습니다"

"이 사건에 관심 없던 형사는 없었을 겁니다."

홍씨 일당이 저지른 고급 전원주택 연쇄 강도 사건 해결에 앞
장섰던 김태욱 서울광진경찰서 강력1팀장은 처음엔 그저 '관찰
자'에 지나지 않았다.

"사건을 맡기 전까진 우리 팀도 그저 이들의 범행 방법을 관심
있게 지켜보는 수준에 불과했습니다."

"해결, 참 어렵겠구나" 싶던 사건에 팔을 걷어붙이고 나선 건, 광
진구를 포함해 수도권 일대에서 주택 절도 사건이 벌어지면서 피
의자가 해당 사건의 참고인으로 조사를 받으면서다.

"'혹시 같은 범인이 아닐까' 의심을 품었던 게 사건 해결의 시발점이 됐습니다."

비록 당시 사건 범인이 고급 전원주택 연쇄 강도 사건의 진범은 아니었지만, 조사 과정에서 만난 피해자가 얼마나 심한 공포에 시달렸는지를 느끼고는 '발 담근 김에 해결해보자'는 의지가 생겼단다.

"어떤 피해자는 사건을 겪고 1년이 지났는데도 혼자 집에 있기를 두려워했어요. 후유증이 심했죠. 다른 범행 현장에서 흉기로 위협받은 적이 있는 가사 도우미는 충격으로 일까지 그만두는 등 2차 피해가 컸고요. 피해자가 더 늘기 전에 어떻게든 범인을 잡아야겠다는 생각뿐이었습니다."

사건을 해결한 지 2년가량 흐른 지금도 그는 그때 과정을 되짚을 때면 고개를 가로젓는다. 심증은 충분해도 물증이 부족해 범인을 잡아들이지 못했던 악몽, 피의자의 거주지가 불명확해 김해까지 여러 차례 내려가 며칠 밤을 새운 기억이 여전히 또렷해서다.

특히 범인들이 사건 현장에 일부러 흘린 '위장 담배꽁초'에 애먹었을 형사들의 좌절감을 떠올리면 지금도 치가 떨린다.

"우리 팀에서 잡은 범인이라기보다, 전국 형사들이 공조해 잡은 범인입니다."

당시 담배꽁초 한 개를 놓쳤다면 어떻게 됐을지는 생각하기도 싫다.

"만일 4년간 사건 현장서 발견된 담배꽁초를 대수롭지 않게 여

범인들은 경찰 수사에 혼선을 주려고 일부러 범행 현장에 다른 이의 담배꽁초를 흘리고 갔다.

겼다면 검거는 더 어려웠거나 불가능했겠죠.”

전국 각지에서 나온 증거품에서 하나의 연결 고리를 찾고 피의자를 특정할 수 있었던 데는 경찰서마다 증거가 될 만한 모든 물품을 꼼꼼히 챙겨 국립과학수사연구원에 분석을 의뢰해놓은 덕이 컸다는 얘기다.

“그 기록에서 연결 고리를 찾아 범인을 잡은 것뿐입니다.”

김팀장은 한마디를 덧붙였다.

“팀원들의 열정도 컸지만 수사 공조가 되지 않았더라면 영구 미제로 남을 수도 있었던 사건이었죠.”

사건을 해결하는 과정에 참여한 전국 경찰 동료에게 공을 돌리겠다는 뜻이다.

14

노원 가정주부 살해 사건

18년 전 현금인출기에 찍힌 그 얼굴,
100여 명과 대조했더니

"피고인을 무기징역에 처한다."

2017년 4월 4일 오전 10시 서울북부지방법원 302호 법정. 판결문을 읽는 재판장 박남천 부장판사의 목소리는 낮고 무거웠다.

"이 법원이 적법하게 채택해 조사한 증거들에 의하면 피고인에게는 살인의 고의가 있었다고 봄이 상당하다."

의자에 기댄 듯 엉거주춤 서 있던 피고인은 좀처럼 고개를 들지 못했다.

"고의적으로 피해자를 살해하지 않았으며 죽을 수 있다고 인식하지도 못했다는 피고인과 변호인의 주장은 받아들이지 않는다."

법정 안 모든 눈과 귀가 재판장에게로 쏠렸다.

"재범 가능성을 영원히 차단하고 생명 존중이라는 고귀한 가치를 지키기 위해, 기간의 정함이 없이 사회로부터 격리된 수감 생활을 통해 자신의 잘못을 진정으로 참회하고 속죄하도록 하는 것이 적정하다고 판단해 주문과 같이 무기징역을 선고한다."

재판장은 무표정했다.

사건은 19년 전인 1998년 10월 27일 서울 노원구의 한 아파트에서 30대 중반 여성 이 모 씨가 숨진 채 발견되면서 시작됐다. 안방 바닥에 대각선으로 엎드린 모습이었고, 양손이 뒷짐을 진 형태로 허리끈에 묶여 있었다. 발목은 노끈에, 입은 넥타이에 결박됐던 흔적이 또렷했다.

"학교에 갔다 왔는데 엄마가 쓰러져 숨을 쉬지 않고 있었어요."

처음 시신을 발견한 이는 이씨의 초등학교 5학년 딸이었다.

목에는 여성용 가죽 허리띠가 느슨히 걸려 있었고, 얼굴에는 피가 쏠려 만들어진 울긋불긋한 울혈이 보였다. 당시 현장에 출동했던 경찰이 상황을 설명했다.

"혀가 조금 튀어나온 것 등 여러 흔적이 남아 누가 봐도 목이 졸려 살해됐다는 걸 알 수 있었습니다. 또 하의가 살짝 내려가 있어 성폭행을 당한 뒤 목숨을 잃은 것이 아닌가 추정했습니다."

이씨 몸과 집 안에는 몇 가지 단서가 있었다. 피해자 몸에서 검출된 체액에서는 '혈액형 AB형 남성'의 DNA가 나왔다. 안방에서는 이씨의 것이 아닌 것으로 추정되는 머리카락 한 올과 체모두 가닥이 발견됐다. 다만 구체적인 DNA 정보를 추출하는 데는 실패했다. 물론 지금의 과학수사 수준이라면 알아냈을 것이다.

"그 당시엔 혈액이 아닌 머리카락이나 체모에서 DNA 정보를 검출할 실력을 갖추지 못했었습니다."

안방 장롱에 있는 이씨 남편의 체크카드가 사라졌는데, 그 인출 내역을 통해 범인의 행적이 일부 드러났다. 시신이 발견된 당일 오후 3시쯤 중구 을지로 지하상가의 현금인출기 두 대에서 20분 동안 열 차례에 걸쳐 151만 원이 인출된 것이다.

무엇보다 현금인출기 주위에 설치된 폐쇄회로TV에 범인 얼굴이 찍혀 있었다. 흑백에 화질이 그리 좋지 않았지만, 정면으로 그리고 가까이에서 찍혀 이목구비를 충분히 알아볼 정도로 '보기 드문' 화면이었다. 범인의 행적 일부를 알아내고 얼굴을 확보한 것은 크나큰 소득이었다.

피해자의 통화 기록을 추적하는 등 추가 수사가 진행됐다. 피해자는 사건 당일 낮 12시 32분과 43분 두 차례, 누군가와 연이어 통화했다. 공교롭게 모두 공중전화였다. 먼저 온 전화의 발신지는 지하철 4호선 노원역의 2층이었고, 다음 전화의 발신지는 노원역과 이씨 아파트 중간 지점에 있는 상가였다. 시간 흐름과 동선으로 유추해볼 때 동일 인물일 가능성이 컸다.

'신원을 드러내지 않으려고 일부러 공중전화를 이용하고. 오후 1시쯤 피해자 집에 도착해, 어떤 이유로 몸싸움을 벌이다 몸을 묶고 성폭행한 뒤 살해하는 데 1시간 정도 시간이 걸렸고. 택시를 타고 을지로로 가서 오후 3시쯤 돈을 인출했으며. 그리고 잠적.'

경찰의 머릿속에서 퍼즐이 조금씩 맞춰져갔다.

단서가 쌓이면서 경찰의 발걸음이 빨라졌다. 용의자의 얼굴과 혈액형이 나왔으니, '나름대로 많은 것'을 알고 있었다. 형사 50여 명이 투입된 수사본부가 서울도봉경찰서에 꾸려졌다.

목격자를 확보하는 일이 시급했다. 수사본부는 당시 한 방송국의 공개 수배 프로그램에 범인 사진까지 대대적으로 공개했다. 방송이 나가자 제주에서, 경남 하동 골짜기에서 닮은 사람을 봤다는 제보가 쏟아졌다. 형사들은 이들을 일일이 찾아가서 양해를 구하고 채혈까지 해, 용의자의 것으로 추정되는 DNA와 비교했다.

그러나 결과는 하나같이 '일치하지 않는다'였다. 당시 수사본부에 참여한 관계자는 낭패감을 고스란히 전했다.

"울산에서 사진과 정말 똑같이 생긴 사람을 만났는데, DNA가 전혀 일치하지 않더라고요. 심지어 그 사람의 아버지까지 (범인이) 아들과 똑같이 생겼다고 시인할 정도였는데…. 아무 소득이 없었어요."

시간이 지나도 수사에 아무런 진전이 없자 수사본부는 점점 쪼그라들었다. 그렇게 2년이 흘러 2000년 12월 19일 '불상不詳 기소 중지 의견'으로 사건을 검찰에 송치했다. 수사본부는 해체됐고, 사건은 영구 미제로 사람들의 기억에서 지워져갔다.

"그놈을 기필코 잡아야겠습니다."

2016년 5월 말, 18년 전 당시 수사본부에서 막내 나이로 현장을 누볐던 김응희 경위가 서울지방경찰청 광역수사대 광역1팀으로 오면서 사건은 다시 수면 위로 떠올랐다. "마침 기획 수사에 전념할 수 있는 광역수사대에 왔을 뿐", 특별히 다른 이유는 없었다. 팀원들은 범인을 꼭 잡고 싶다는 김경위의 일념에 적극 화답했다.

공소시효가 일단 마음에 걸렸다. 살인 사건 공소시효는 15년이었다. 2013년 시효가 끝난 터라 더 이상의 수사는 의미가 없었다. 2015년 8월부터 살인죄 공소시효를 폐지하는 내용의 '태완이법'(형사소송법 개정안)이 시행됐지만, 2000년 8월 이후 사건에만 적용됐다. 세월이 야속했다.

그때 팀원 한 명이 "이런 법이 있는데, 혹시 적용될까요?" 하며 2010년 제정된 성폭력처벌법을 언급했다. 'DNA 등 그 죄를 증명할 수 있는 과학적인 증거가 있는 때에는 공소시효가 10년 연장된다'는 조항이 눈에 띄었다(제21조 2항). 국립과학수사연구원에 확인한 결과, 다행히 당시 피해자 몸에서 채취한 용의자의 체액이 튜브 형태로 고스란히 보존돼 있었다. 공소시효가 여전히 남아 있다는 뜻이었다.

김경위와 팀원들은 곧바로 서울북부지방검찰청으로 달려가 창고에 쌓여 있던 사건 기록을 받아왔다.

"우리 팀이 손 안 댔으면 그 사건은 그대로 끝났을 겁니다. 누구도 다시 들여다보지 않은 채 그렇게 창고 구석에 있다가 잊혀

졌겠죠."

팀원들은 누렇게 빛이 바랜 1미터 넘는 서류 더미를 꼼꼼히 살피는 것으로 '재도전'을 선언했다. 동시에 국립과학수사연구원과 검찰이 2010년부터 구축해온 구속 피의자 DNA 데이터베이스에 용의자의 DNA와 똑같은 게 있는지 분석해달라고 요청했다. '없다'는 답변이 돌아왔다.

18년 전 사건이니, 18년 전 방식으로 일단 사건을 풀어가기로 했다. 당시 화면에 찍힌 얼굴에 근거해 범인을 20대 후반이라 예측했다. 1965년생부터 1975년생까지 범위를 넓게 잡았다. 조금이라도 비슷한 수법을 사용했던 강도와 절도, 성폭력, 살인 전과자 중 해당 범위에 들어가는 이들을 추렸더니 대략 8000명이 나왔다. 그중 혈액형이 AB형인 사람은 900여 명. 이제 노원구에서 범행을 저지를 개연성이 낮은 사람부터 차례로 제외하는 작업을 했더니 125명까지 범위가 좁혀졌다. 모두 AB형 남성으로, 1998년 당시 23~33세였고, 서울 인근에서 범행을 저지른 적이 있거나 서울에 연고가 있는 사람들이었다.

김경위는 이들의 현재 사진과 과거 사진을 모아 폐쇄회로 TV에 찍힌 얼굴과 비교해나갔다. 주민센터에 공문을 보내 20대 시절 주민등록증이나 운전면허증을 발급받는 데 사용했던 사진을 받아냈고, 40대가 된 최근 사진도 구했다. 과거 사진, 폐쇄회로 TV에 찍힌 용의자 얼굴 사진, 현재 사진을 놓고 한참 들여다보며 전혀 다르게 생긴 사람들부터 추려냈다. 몇 주간 지루한 작업을 진행한 끝에, 최종 후보군 10여 명의 이름이 수사팀 책상 위에 남았다.

수사는 막바지로 치달았다. DNA를 비교 분석해 쐐기를 박으면 될 일이었다. 하지만 의심이 간다는 이유만으로 최종 후보군 10여 명의 DNA 정보를 마음대로 받아낼 수는 없었다. 팀원들이 궁리해낸 묘안은 '담배꽁초 몰래 가져오기'였다.

먼저 최종 리스트에 오른 전과자 중 구치소에 있는 사람에게 접근해 그가 버린 담배꽁초를 주워 왔다. 또 과거 사진이 용의자 사진과 유난히 닮은 한 명이 있어 그의 담배꽁초도 확보했다. 그들의 DNA를 추출한 다음 범인의 것과 대조했으나 '꽝'이었다. 거기서 포기할 수는 없었다.

세 번째 후보는 경기 양주에 살고 있던 44세 오 모 씨였다. "머리 가르마 위치와 콧구멍 각도까지 똑같다"는 말이 오씨 사진을 본 수사팀에서 나와 지목했다. 오씨의 아파트 근처에서 잠복에 들어갔고, 형사들이 아파트 베란다에서 그가 던진 담배꽁초를 수거한 것은 이틀 후였다. 느낌이 좋았다.

"이 사람 맞습니다! 18년 전 피해자 몸에서 발견된 DNA와 정확히 일치해요."

국립과학수사연구원에서 긴급 감정 결과가 수사팀으로 전해졌다.

오씨는 2016년 11월 11일 주거지 아파트 지하에서 긴급 체포됐다. "강간살인 혐의로 체포한다"는 형사들의 통보에 "무슨 말이

김용희 경감이 사용했던 수사노트에 노원구 가정주부 살해 사건 당시 피의자의 나이대를 유추하기 위한 표가 붙어 있다. 사진 곽주현

냐?"고 되묻던 오씨는 경찰서로 이동하는 차 안에서 범행을 순순히 자백했다.

당시 생활정보지에 나와 있는 전셋집 정보를 보고 이씨를 찾아갔다가 "전세 보증금을 좀 깎아달라"고 했는데, "보증금도 없이 집을 보러 다니느냐"는 이씨의 말에 화가 났다는 얘기였다. 우발적이었고, 죽일 의도는 전혀 없었다고 했다. 그러나 이씨 부검을 맡았던 강신몽 가톨릭대 의대 교수의 판단은 달랐다.

"목에 있는 물렁뼈가 골절될 정도로 힘을 강하게 줬다. 피해자가 죽어가는 중에도, 또 숨이 끊긴 뒤에도 지속적으로 허리띠로 목을 졸랐다."

강교수는 오씨가 의도적으로 살해했다고 설명했다.

피해자 가족이 고통의 시간을 보내는 동안 오씨는 대구에서 청소년 성매매 알선을 하다가 유죄 판결을 받는 등 반성 없는 삶을 살아왔다. 살인 사건 이전에도 세 번이나 여성을 상대로 특수강도 범행을 저질렀던 것으로 드러났다. 결혼 생활도 순탄치 않아, 여러 번 이혼과 재혼을 반복한 것으로 알려졌다.

2017년 6월 항소심 재판부도 1심과 같이 오씨에게 무기징역을 선고했다.

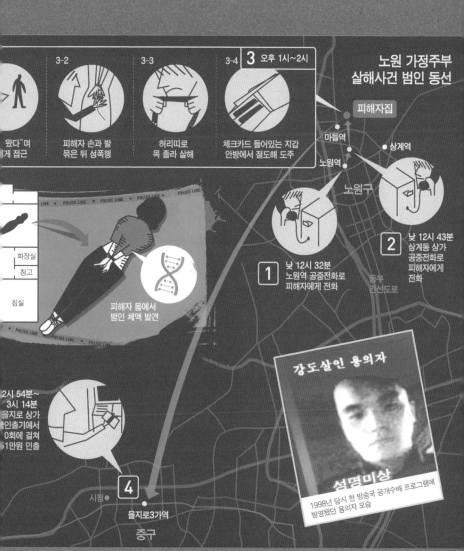

노원 가정주부
살해사건 범인 동선

3-2
피해자 손과 발
묶은 뒤 성폭행

3-3
허리띠로
목 졸라 살해

3-4
3 오후 1시~2시
체크카드 들어있는 지갑
안방에서 절도해 도주

왔다"며
게 접근

피해자집

마들역

상계역

노원역

노원구

화장실
창고
침실

피해자 몸에서
범인 체액 발견

동부
간선도로

1 낮 12시 32분
노원역 공중전화로
피해자에게 전화

2 낮 12시 43분
상계동 상가
공중전화로
피해자에게
전화

2시 54분~
3시 14분
을지로 상가
인출기에서
0회에 걸쳐
61만원 인출

4 을지로3가역

시청

중구

강도살인 용의자

성명미상

1998년 당시 한 방송국 공개수배 프로그램에
방영됐던 용의자 모습

범행 동선

1998년 10월 27일 낮 12시 32분 피의자는 지하철 4호선 노원역에서 공중
전화로 피해자에게 전화를 건다.

낮 12시 43분 이번에는 상계동 상가에서 공중전화로 피해자에게 전
화한다.

오후 1시부터 2시까지 피해자의 집에 도착해 "집 보러 왔다"며 들어간
다. 말다툼을 한 끝에 피해자의 손과 발을 묶고 성폭행을
한다. 그리고 허리띠로 목을 졸라 피해자를 살해한다. 이
후 안방에서 체크카드가 든 지갑을 훔쳐 달아난다.

오후 2시 54분부터 3시 14분까지 을지로 상가의 현금인출기에서 열 차례
에 걸쳐 151만 원을 인출한다.

우직하게 버티기

**"휴대폰에 범인 사진 넣고 매일 봐…
끈질기면 무조건 이깁니다"**

30년간 형사계에 몸담아온 김웅희 서울강북경찰서 형사팀장은 '곰 같은' 형사다.

'노원 가정주부 살해 사건' 당시 50여 명 형사 중 아래에서 세 손가락 안에 들었던 김팀장은 18년간 피의자는 물론 피해자 가족의 얼굴을 한시도 잊은 적이 없었다.

"피해자가 당시 저와 같은 나이였습니다. 학교에서 돌아와 숨진 어머니를 가장 먼저 발견한 초등학생 딸의 표정이 저를 계속 따라다녔죠. 형사로서, 이 사건만큼은 제 손으로 해결하고 싶었습니다."

김팀장은 2016년 초 서울지방경찰청 광역수사대로 배치되면서 사건을 다룰 시간적 '틈'이 생겼다. 끊임없이 관할 내 발생 사건을 처리해야 하는 일선 경찰서와 다르게, 광역수사대는 사건 하나에 끝까지 매달릴 수 있기 때문이다. 김경감은 자신의 제의를 흔쾌히 받아준 팀원들에게 고마움을 표시했다.

"너무 오래전 사건이라 쉽지 않다는 걸 알면서도, 잡아야겠다는 제 의지를 믿고 수사에 매진해줘서 너무 고마웠습니다."

"잔머리 쓰는 것보다 우직하게 앉아 버티는 형사가 무조건 이긴다"는 게 김팀장의 철칙이다. 비슷한 연령의 동종 전과자 8000여 명 중, 혈액형이 AB형이고 노원 사건과 연관성이 있으며 얼굴이 닮은 사람을 최종 10명으로 압축할 때까지 실제 팀원들은 '우직하게' 책상에 앉아 버텼다. 각종 기관과 단체에서 협조받은 10명의 현재 사진, 과거 사진을 책상에 가득 펼쳐놓고 종일 비교했다.

"휴대폰에도 컴퓨터에도 범인 사진을 저장해놓고 매일 들여다봤습니다. 하도 봤더니 지나가는 사람을 봐도 닮았는지부터 비교하게 되더라고요."

2016년 11월 국립과학수사연구원에서 오씨 DNA가 범인 DNA와 정확히 일치한다는 연락을 받은 직후 김팀장은 고민에 빠졌다고 한다. 피해자 가족에게 연락을 해야 하는데, 다시 상처를 끄집어내는 건 아닌지 걱정이 됐다. 조심스레 유족에게 전화를 걸었지만, 이들은 보이스 피싱(사기 전화)인 줄 알고 바로 끊어버렸다.

1998년 당시 한 방송국 공개수배 프로그램에 방영됐던 용의자 모습. 사진 방송 화면 캡처

"당시 남편이 일하던 곳 이름을 말했더니 그제야 믿는 눈치더라고요. 18년 만에 대뜸 범인을 잡았다고 하니까 믿기가 어려웠을 겁니다."

다행히 유족은 김경감에게 "범인을 잡아줘서 정말 고맙다"는 인사를 전했다. 특히 사건 당시 초등학생이던 어린 딸이 장성한 모습을 보고 김경감은 "그제야 안심이 됐다"고 했다.

김팀장은 노원 가정주부 살해 사건을 해결한 직후 경위에서 경감으로 특별 승진했다. 경찰의 숙원인 장기 미제 살인 사건의 해결에 기여한 공이었다. 그의 철칙은 변함없었다.

"범인과의 싸움에서는 끈기 있게 파고드는 쪽이 이깁니다. 피해자와 가족의 아픔이 조금이나마 치유되는 계기가 됐기를 바랍니다."

15

충남 교통사고 연쇄살인 사건

1년 반 동안 할머니만 세 차례 들이받은 운전자,
단순한 우연이었을까

수사는 의심에서 시작된다. 의심은 경험에서 축적된 감에서 비롯되는 경우가 많다. 이를 '냄새'라 부르는 경찰도 있다.

하지만 수사에 앞서 대부분 경찰은 잠시 머뭇거리게 된다. 냄새를 잘못 맡은 건 아닐까, 헛물만 켜고 고생은 고생대로 하는 건 아닐까, 괜한 의심에 쏟아질 비난을 견딜 수 있을까. 두려움에 자신의 감과 의심을 돌이켜보게 된다.

2008년 11월 서울서대문경찰서 이대우 강력2팀장에게 전화가 걸려 왔다.

"1년 반 동안이요. 교통사고 세 건이 일어난 게 1년 반 동안이에요. 우연이라고 할 수 있을까요?"

보험사에서 일하는 보험사기 특별조사관SIU·special investigation unit의 전화였다. 교통사고 보험금을 책정하고 혹시나 보험금을 노린 보험 사기가 아닌지를 조사하는 사람. 일종의 제보였고 수사를 해보겠냐는 제안이었다.

조사관은 충남 보령과 서천 일대에서 발생한 교통사고 세 건을 언급했다. 한 남성이 1년 반 동안 일으킨 사고였는데, 공교롭게 피해자가 모두 60대 후반과 70대 초반의 할머니였다. 두 명이 사망하고 한 명은 중상을 입었지만, 법원 판결에 따라 '단순 과실로 인한 교통사고'로 결론이 났다.

"단순한 교통사고라고 하니까 어쩔 수 없이 보험금을 지급했지만, 뭔가 미심쩍지 않습니까?"

조사관이 넌지시 말했다.

"의심이 가지만 보험사에서 그걸 밝혀낼 역량이 없잖아요."

이팀장은 그 순간 귀가 솔깃했다고 훗날 털어놨다.

분명 냄새가 났다. 3년 전 살인범을 잡은 기억이 떠올랐던 것이다. 그때 범인은 "교통사고로 사람을 죽이면 보험사에서 짭짤한 형사합의 지원금을 받을 수 있다"는 말을 듣고 70세 경비원을 차로 치여 죽였다.

"관할 지역도 아닌 데다 이미 종결된 사건이라 잘못 건드리는 건 아닌지 잠깐 고민했지만, 뭐, 물러설 이유도 없다고 봤어요."

법원 판결을 뒤집을 자신도 있었다.

우선 사건 기록을 꼼꼼히 읽어 내려갔다. 문제가 된 운전자는 충남 서천에 사는 김 모(46세) 씨였다. 화려한 전과가 눈에 띄었다. 사기는 물론 이런저런 죄로 교도소를 들락거린 게 족히 스무 차례나 됐다. 대출 중개업 사무실을 열었다가 사업에 실패하는 바람에 신용불량자가 됐다는 기록도 남아 있었다.

그런 그가 2006년 10월부터 자동차 운전자보험에 가입하기 시작했다. 보험사 상담센터에 전화해 "보험을 두 개 들어도 중복 보상을 받을 수 있습니까"라고 물었다는 기록도 있었다. 이를 시작으로 이듬해 2월까지 김씨는 운전자보험을 세 개나 가입한 것으로 나왔다.

"보통은 종합보험 한 개만 들기 마련인데 여러 개에 연달아 가입한 것 자체가 특이했고, 뭔가를 노린 의도적인 행동이었다고 볼 수밖에 없었어요."

첫 사고는 2007년 5월 14일 오후 2시 15분쯤 충남 보령 주산면에서 발생했다. 논밭 사이로 곧게 뻗은 왕복 1차선 포장도로에서였다. 노인들이나 가끔 눈에 띄는 한적한 시골 도로에 갑작스레 굉음이 울려 퍼졌다. 도로 위를 걷던 김 모(74세) 할머니를 뒤에서 티코 승용차가 덮쳤다. 할머니는 티코 앞쪽 우측 범퍼에 부딪혀 도로 옆 논두렁으로 튕겨져 나갔고, 그 자리에서 다발성 장기 손상으로 목숨을 잃었다.

운전자 김씨는 사고가 나자 곧바로 자수했다. "실수로 행인을 쳤다"고 했다. "광고 전단을 붙이려고 가는 길이었는데 왼편 논에 있는 컨테이너 박스에 잠깐 눈을 돌리는 사이, 갑자기 할머니가 눈에 띄었다"는 설명도 덧붙였다. 사고 전 7미터 정도 앞에서야 피해 할머니를 발견하고 급제동을 했지만, 이미 늦었다는 게 김 씨 진술이었다.

피해자가 고령이라는 점, 가해자는 잘못을 전적으로 인정하고 자백했다는 점 때문에 유가족도 별다른 의심을 하지 않았다. 경찰도 유가족과 이미 합의를 마친 김씨를 단순 교통사고에 따른 과실치사범으로 처리할 수밖에 없었다. 법원은 김씨에게 금고 10개월에 집행유예 2년을 선고했다.

피해자는 사망했지만 김씨 주머니에는 돈이 쌓였다. 보험사에서 타낸 형사합의 지원금이 6000만 원이나 됐다. 김씨는 "가진 돈이 없어 그런데 좀 봐주면 안 되겠습니까"라며 유가족에게 합의금으로 300만 원을 제시했다가 항의를 받고 500만 원을 건넸다. 유가족은 '고인 묘소에 자주 찾아뵙고 사죄해야 한다'는 조건을 걸고 합의했다. 하지만 김씨가 묘소를 찾거나 유가족에게 연락하는 일은 없었다.

두 번째 사고는 첫 사고가 발생하고 10개월 후인 2008년 3월 4일 일어났다. 김씨는 그새 운전자보험을 하나 더 계약했다. 충남 서천 장항면에 있는 조용한 주택가에서였다. 골목길 교차로를 건너던 69세 최 모 할머니가 액센트 승용차에 치어 뇌진탕 등 전치 8주의 중상을 입었다.

이번에도 김씨는 스스로 경찰을 찾았다. "교차로를 건너가려고

반사경을 보는 순간, 갑자기 도로를 건너는 할머니가 보였다"는
게 김씨 진술이었다. 1년 전과 마찬가지로, '실수'이고 '불가항력'
이었다고 주장했다.

다른 게 있었다면 김씨의 주머니 사정이었다. 형사합의 지원금
은 사망 사고와 사망이 아닌 경우가 차이가 컸다. 이때 김씨에게
지급된 돈은 1000만 원이 채 되지 않았다.

"아마 그래서 세 번째는 더 큰 한방을 노렸을 겁니다."

이팀장이 분석했다.

두 번째 사고가 발생한 직후 보험을 모두 해지한 김씨는 2008년
8월 운전자보험 다섯 건을 새로 계약했다. 보험사에 전화해 "형
사합의금으로 나오는 돈이 얼마냐"고 묻기도 하고, "보험 만기가
돼 환급을 받는 조건이 아니라 사고 발생할 때만 보장받는 조건
으로 계약하겠다"고 했다. 보험금을 최대한 많이 받겠다는 속내
를 드러낸 것이다.

세 번째 사고는 2008년 9월 5일 오후 6시경 충남 서천 비인면에
서 일어났다. 홀로 해안도로를 걷던 박 모(66세) 할머니가 김씨가
모는 산타페 승용차에 치이는 사고를 당했다. 이번에는 "바닷가
를 바라보며 딴생각을 하고 있었다"는 이유를 댔다. 차에 치인 할
머니는 다발성 늑골 골절로 사망했다.

김씨는 현장에 출동한 경찰관에게 "집행유예를 다시 받을 수
있을까요"라고 물어보는 여유까지 보였다. 법원은 역시나 김씨에

게 금고 4개월에 벌금 40만 원을 선고했다. 김씨에겐 보험사에서 형사합의 지원금이 4000만 원이나 지급됐다. 모든 게 김씨가 바라던 대로였다.

"세 번째 사고 후에도 보험사마다 문의해 '형사합의금이 얼마나 나오냐'고 상담했고, 새로 자동차 운전자보험에 가입하기도 했습니다."

이팀장이 보기에 김씨는 '우연한 사고로 위장해 노인을 두 사람이나 살해한 연쇄살인범'이 틀림없었다. 우선 김씨는 매달 20만 원가량씩 하는 보험료를 낼 형편이 안 됐다. 2009년 3월까지도 김씨는 채무가 3000만 원 정도에 달해 각종 공과금을 내지 못할 정도로 사정이 안 좋았다. 인적이 드물고 목격자를 확보하기 어려운 한적한 도로에서 상대적으로 합의가 쉬운 노인만을 대상으로 사고를 냈다는 점 역시 의도적인 것으로밖에 해석이 되지 않았다. 확신을 가진 이팀장은 김씨를 체포했다.

김씨는 이팀장이 제시한 시나리오를 전면 부인했다. 시종일관 차분한 어조였다. "잠깐 한눈판 사이에 할머니들을 친 것이다"거나 "보험 광고를 보고 여러 보험에 가입했다"는 등. "모든 게 실수이고 우연의 일치"라는 진술로 일관했다.

죄를 입증할 단서가 필요했다. 모의실험으로 현장검증을 해보기로 했다. 마네킹과 사고에 쓰인 차량과 동일한 차종을 준비했다. 1차 사고와 3차 사고가 일어난 도로변은 각각 2킬로미터, 300미터 이상 직선상으로 쭉 뻗어 있어 별다른 장애물이 없었다. 보행자의 행동이 한눈에 들어올 수밖에 없는 곳이다. 2차 사고가 발생한 주택가도 "교차로 반사경을 쳐다보다 보행자를 놓쳤다"는 김씨 진술과 달리 전방 시야가 좋아 반사경과 보행자가 한눈에 들어오는 곳이다.

"어떻게 (피해자들을) 못 볼 수가 있지?"

스키드 마크도 재현했다. 차량이 급제동할 때 길 위에 남게 되는 검은 타이어 자국. 이팀장은 사고 당시의 스키드 마크와 동일한 형태가 나올 때까지 속도와 제동 시점을 달리하며 수차례 실험을 반복했다. 실험 결과, 1차 사고 때는 시골 도로를 시속 60~70킬로미터로 달리다 사고 이후 14.7미터나 차를 더 몰고 갔다는 사실이 드러났다. 3차 사고 때는 해안도로를 시속 70킬로미터로 달리다 사고 이후 34.8미터나 더 나아갔다는 걸 알 수 있었다.

"보행자를 피할 공간과 시간이 충분했는데도 부딪친 이후에야 브레이크를, 그것도 서서히 밟아 제동했다는 뜻이죠."

피해자들이 튕겨나간 방향도 일반적인 사고로는 설명될 수 없었다. 세 사고 모두 차량 우측 범퍼가 파손됐다. 일반적인 운전자라면 도로 우측에서 오는 보행자를 발견할 경우 좌측으로 핸들을 꺾어 피하기 마련인데, 김씨는 핸들을 꺾지 않았던 것이다.

"이제 됐다!"

이팀장이 안도의 한숨을 내쉬었다.

2009년 9월 30일 서울서부지방법원 303호 법정에서 김씨에 대

2007년 5월 14일 충남 보령 시골도로 위를 홀로 걷던 김씨 할머니를 뒤에서 들이받은 티코 차량.
사진 서울용산경찰서

한 1심 선고 재판이 열렸다. "피고인을 징역 12년에 처하고, 이에 보험금을 허위로 수급한 사기 혐의를 인정해 징역 3년을 더해 총 15년을 선고한다"는 판결이 내려졌다. 이 사건이 계기가 돼 정부는 2009년 10월부터 사고를 낸 운전자에게 형사합의금을 중복 지급하는 것을 막도록 하는 내용을 운전자보험 표준약관에 새로 담았다.

충남 교통사고 연쇄살인 사건 범행 일지

2007년 5월14일 14시15분

충남 보령시 주산면 1번 국도
**74세 김모 할머니,
티코 승용차로 치어 살해**

※시속 50㎞ (추정)
※형사합의지원금 6,000만원 받아
유족에게 500만원 지급

2008년 9월5일 17시59분

충남 서천군 비인면 해안도로
**66세 박모 할머니,
산타페 승용차로 치어 살해**

※시속 70㎞ 이상(추정)
※형사합의지원금 4,000만원 받아
유족에게 1,500만원 지급

2008년 3월4일 09시50분

충남 서천군 장항면 주택가 교차로
**69세 최모 할머니,
엑센트 승용차로 치어 상해**

※시속 40㎞ 이상(추정)
※보험금 900여만원 수령

1차 사고
상황도

티코
미산
가방
구두
구두
14.7m

충격으로 도로우측으로
튕겨나간 김모(74)할머니

주산

보령호
서해안
고속도로
미산면
서천군
비인면
흑람
저수지
서천IC
서천구청
마서면
장항읍
금강
봉선
저수지
충남
서천 - 광
고속도로
삼곡리

김씨의 범행 일지 _____

2007년 5월 14일 오후 2시 15분 충남 보령 주산면 1번 국도에서 74세 김씨 할머니를 티코 승용차로 치어 살해한다. 이때 시속 50킬로미터 속도로 덮친 것으로 추정된다. 김씨는 보험사에서 형사합의 지원금으로 6000만 원을 받아 그 가운데 500만 원을 유족에게 지급한다.

2008년 3월 4일 오전 9시 50분 충남 서천 장항면 주택가 교차로에서 69세 최씨 할머니를 액센트 승용차로 치어 상해한다. 당시 시속 40킬로미터가 넘는 속도로 달린 것으로 추정된다. 김씨는 보험사에서 합의금 900여 만 원을 받는다.

2008년 9월 5일 오후 5시 59분 충남 서천 비인면 해안도로에서 66세 박씨 할머니를 산타페 승용차로 치어 살해한다. 이때는 시속 70킬로미터 이상으로 달린 것으로 추정된다. 김씨는 보험사에서 형사합의 지원금 4000만 원을 받아 그중 1500만 원을 유족에게 지급한다.

현장검증

사람 마음속 고의성을 입증하는 어려움, 현장이 성패를 가른다

"형사님, 제가 좋은 정보 하나 드릴게요."

한때 '조폭 잡는 범죄 사냥꾼'으로 이름을 날린 이대우 당시 서울서대문경찰서 강력2팀장(현 서울강서경찰서 수사1과장)이 보험 사건에 뛰어든 계기는 다소 엉뚱했다.

2005년 9월 '동대문시장파' 조직폭력배 43명을 잡아들이는 중에 한 행동대원이 지레 겁에 질려 "얼마 전 보험 사기 제안을 받았다"고 털어놓은 것이다. 행동대원은 교도소에서 알게 된 동생 박 모(36세) 씨에게서 "교통사고로 사람을 죽이고 큰돈을 벌었다"는 말을 들었다고 했다.

아니나 다를까, 박씨가 그해 8월 30일 새벽 3시 40분쯤 경기 안양의 한 도로에서 자전거를 타고 출근하던 경비원 김 모(70세) 씨를 뒤따라가 차로 치어 죽인 사실이 이팀장의 수사로 드러났다. 2000만 원 빚이 있던 박씨는 미리 운전자보험 세 개에 가입해둔 덕분에 형사합의 지원금 6030만 원을 수령할 수 있었다. 피해자 유족에게 1800만 원을 주고 합의했으니까 4000만 원 넘는 돈을 번 셈이다.

이팀장에겐 새로운 사건 케이스였다.

"현장검증이 있던 날, 한 유족이 '살인범을 밀어버리겠다'며 트럭을 끌고 올 정도로 억울한 죽음에 대한 분노가 큰 것을 봤습니다. 그때부터 보험 사기 속에 숨겨진 억울한 죽음에 관심을 갖게 됐죠."

당시만 해도 형사합의 지원금을 주는 운전자보험이 널리 알려지지 않아 이를 악용한 사기 사건은 새로웠다.

'충남 교통사고 연쇄살인 사건'을 떠올린 이팀장은 현장의 중요성부터 말을 꺼냈다.

"범행 현장은 증거의 보고라는 수사계 명언이 있습니다. 교통사고라 해도 현장은 강력 사건과 크게 다를 게 없습니다."

이번 사건에서는 현장에서 모의실험을 반복 실시해 용의자 진술의 모순점을 찾아냈다. 현장이 수사의 성패를 결정짓는다는 소신도 그때 생겼다.

이팀장은 당시 사건 기소를 맡은 검사의 이름도 언급했다.

검경 합동으로 2009년 5월 4일 충남 서천 장항면 주택가에서 마네킹을 이용한 모의실험을 진행 중이다. 박씨 할머니는 2008년 3월 4일 같은 자리에서 차에 치여 뇌진탕 등 중상을 입었다.
사진 서울용산경찰서

"혼자만의 노력으로 된 것이 아닙니다. 직접 충남 현장을 찾아 함께 사건 시뮬레이션을 할 정도로 기소에 공을 들인 김창환 당시 담당 검사의 역할도 컸죠."

현재 변호사로 일하고 있는 김 전 검사는 "겉모양으로만 보면 다 똑같은 교통사고이다 보니, 그 사람의 마음속에 있는 고의성을 입증하기가 정말 어려웠다"고 했다. 이팀장과 김 전 검사는 갈수록 교묘해져가는 지능 범죄 형태를 함께 지적했다.

"보험 제도의 허점을 노려 사법 현실을 농락하는 지능범을 잡으려면 끈기와 노력이 필요합니다. 현장에서 국민의 생명을 보호하는 수사 인력에 대해 꾸준한 지원이 이뤄졌으면 좋겠습니다."

16

부산 교수 부인 살인 사건

"가출했나 보죠" 남편의 발뺌,
아내는 49일째 날 낙동강에서 시신으로

"누나가 사라졌어요."

2011년 4월 5일 부산북부경찰서에 실종 사건이 접수됐다.

"'(별거 중인) 남편을 만나러 간다'며 나갔는데, 아직까지…."

실종자의 남동생이라고 소개한 남성은 자초지종을 설명했다. 감정이 복받치는지 말을 잇지 못하고 중간중간 머뭇거렸다. 그때 마다 표정은 불안으로 가득했다.

실종자는 50세 A씨였다. 사흘 전인 4월 2일 밤 10시쯤 부산 북구에 있는 친정집 아파트에서 외출한다며 나간 뒤 자취를 감췄다. 검은색 원피스에 회색 코트를 걸친 그녀는 갈색 숄더백을 든 채 현관에서 가족과 인사를 나눴다. 평소와 다를 게 없는 모습이었다. 경찰이 남편 강 모(52세) 씨를 급히 찾았다.

2010년 3월 결혼한 A씨와 강씨는 주변 사람들의 입길에 자주 오르내렸다. A씨 역시 초혼은 아니였으나 강씨는 이번이 네 번째 결혼이었다. 학원을 운영하며 꽤나 많은 재산을 모은 A씨는 알 만한 사람은 다 아는 재력가였다. 그런 A씨에게 강씨가 끈질기게 구애했다는 게 알려지면서 사람들은 "남자가 돈 보고 여자에게 접근한 것"이라고 수군거렸다.

결혼 후 둘 사이는 원만하지 않았다. 경제적 문제나 성격 차이 등 갈등이 빈번했다. 반년 만에 부인이 이혼을 신청했다. 아파트를 마련하고 자동차를 구입하는 등 결혼 준비에 든 비용 4억 원을 A씨가 모두 부담했다는 사실도 이때 알려졌다. 몇 달간 별거한 뒤, 부부는 재판이 아니라 협의를 통해 이혼하기로 했다. 하지만 이듬해 1월 강씨가 다시 이혼소송을 제기했다. 위자료 액수 등 갈등의 골이 다시 깊어졌다는 뜻이다.

"부인이 실종되기 직전, 통화했죠?"

강씨는 경찰의 질문에 아무 표정이 없었다.

"없습니다."

대답은 짧고 목소리는 낮았다.

"문자메시지를 보낸 기록이 있는데요."

경찰이 휴대폰 통신 내역을 들이밀었다. 실종 신고가 접수된 직후 통신 사실을 조회해, 둘이 문자메시지를 주고받은 것을 확인해둔 터였다.

"왜 거짓말을 합니까?"

질문 강도가 높아졌다. 보통 경찰이 이 정도로 추궁하면 수세에 몰린 용의자는 사실을 털어놓기 마련이다.

그런데 강씨의 얼굴에 웃음이 비쳤다. 예상치 못한 반응이었다.

"제가 정보·통신 분야 전문가입니다. '문자'와 '통화'는 다른 개념 아닌가요?"

역습이었다.

"'연락했냐'고 물었다면 분명 '그렇다'고 답했을 겁니다. 그런데 질문을 똑바로 했어야죠."

무거운 침묵이 흘렀다.

경찰이 강씨의 신상 자료를 뒤적였다. '보통내기가 아니군. 만만치 않겠어.' 경남 모 대학 컴퓨터공학부 교수, 강씨의 직함이다. 경력이 화려했다. 한국컴퓨터범죄연구학회장, 검경 사이버범죄 수사 자문위원 역임 등. '범죄'에 능통한 '범죄 전문가'였다.

강씨가 말을 이어갔다.

"물론 이혼 소송 중이었으니까요. 저희가 자녀도 있고 나이도 들어 헤어지는 마당에 원만히 끝내기 위해 아무래도 협의를 해야 했어요. 그런 차원이었습니다."

거리낌 없는 강씨 말에 경찰은 그 얼굴을 가만히 쳐다보고만 있었다.

"아마 가출을 하지 않았을까 싶은데요. 소송 과정에서 그 여자가 거짓말을 한 게 있는데… 그건 아는지 모르겠군요. 그게 탄로

날까 봐 잠적한 게 아닐까 싶습니다. 걱정은 되지만 좀 있으면 나타날 겁니다."

확신에 찬 표정이었다. 마치 '너는 모르지만 나는 안다'는 듯.

경찰은 A씨의 행적을 쫓는 데 전념했다. 강씨가 의심스럽기는 하지만 A씨가 단순히 실종했을 가능성도 배제할 수는 없었다. 폐쇄회로 TV 영상과 통화 내역을 분석하던 중 마침 단서가 발견됐다. 4월 2일 밤 10시 4분 아파트에서 나와 콜택시를 탄 것이다. 택시 기사가 '사건 해결의 열쇠'를 쥐고 있을 가능성이 높았다.

"아, 그 여성 분요? 해운대에서 밤 9시에 누굴 만나기로 했는데 너무 늦었다며, 30분 넘게 걸리는 거리를 15분 안에 갈 수 있냐고 묻더라고요. 급해 보였어요."

택시 기사가 전해준 대로라면, A씨가 그곳에서 누군가를 만난 것만은 분명했다.

당시 밤 10시 46분 A씨가 해운대 해수욕장의 한 콘도 앞에 내린 게 확인됐다. 행적은 그게 마지막이었다. 경찰은 해운대와 인근 낙동강, 금정산 일대를 샅샅이 뒤졌다. 별다른 성과가 없었다. 만에 하나 사고를 당했을 가능성을 염두에 두고 부산 시내 병원 기록을 일일이 확인했지만, 바라는 이름은 나오지 않았다.

강씨 조사도 여전히 난항을 겪었다.

"부인이 택시에서 내린 직후 휴대폰 통화로 확인된 기지국 위치가 교수님의 통화가 거친 기지국과 같더군요. 같이 있었던 것 아닙니까?"

강씨가 답했다.

"형사님, 뭘 잘 모르는군요. 기지국은 넓게는 반경 1킬로미터 이상을 커버합니다. 인근 기지국끼리 중첩되면 위치를 잘못 인식할 때도 있고요."

역시 만만치 않았다. 강씨 소유의 차는 이미 세차된 뒤였지만, 뒷좌석 시트 봉합 면과 팔걸이 안쪽에서 A씨의 혈흔이 검출됐다. 강씨는 이 역시 대수롭지 않게 받아들였다.

"아, 그거요? 얼마 전에 아내가 차를 타고 가다 코피를 흘렸어요. 그게 묻었나 보군요."

실종 당일 자신의 알리바이도 내세웠다.

"지인들과 술자리가 있었어요. 술을 좀 많이 먹어서 기억이 잘 나지는 않는데, 아마 밤 10~12시에 나왔던 것 같아요. 이후엔 집 근처 술집에서 혼자 술을 마셨어요."

실제 그는 4월 3일 새벽 3시쯤 주점에서 4만 원을 결제했고 인근 편의점 현금인출기에서 현금 20만 원을 인출했다. 이후 새벽 5시쯤 다른 주점에서 다시 3만 3000원을 결제한 뒤 5시 24분 집으로 들어가는 모습이 폐쇄회로 TV에 찍혔다.

실종 신고가 접수되고 열사흘이 지난 4월 15일, 경찰은 공개수사로 전환했다. 만약 '의심대로' A씨가 살해되고 강씨가 범인이라면, 사건 해결을 위해서라도 시신이 우선 발견돼야 했다. A씨 얼굴이 실린 전단 6000장을 뿌렸지만 2주가 지나도록 아무런 성과도 없었다. 수사팀은 점차 지쳐갔다.

실종된 지 49일째가 되던 5월 21일, 우려는 현실로 나타났다. 부산 사하구 을숙도대교 인근 낙동강. 환경 정화 활동을 나섰던 모 고등학교 교사와 학생들 눈에 수상한 물체 하나가 포착됐다. 높이 1미터 폭 50센티미터의 등산용 검은색 가방이었다. "악!" 외마디 비명과 함께 누군가 말했다.

"사람인 것 같은데….."

A씨였다. 경찰은 즉각 강씨를 살인 혐의로 긴급 체포했다. 사건은 단순 실종이 아닌 살인으로 전화됐다. 본인은 부인했지만 그동안 수사로 확보해놓은 단서도 상당했다. 난공불락처럼 버티던 강씨는 5월 24일 사흘간 집중 조사를 받은 끝에 마침내 범행을 시인했다.

그리고 강씨는 사건에 새로운 인물을 한 명 등장시켰다. 2004년 손님으로 처음 만난 뒤 관계를 이어온 대리운전 기사, 내연녀 최모(49세) 씨였다.

강씨는 '이혼 소송 과정에서 교수라는 자신의 사회적 위신이 손상되는 게 걱정됐다'고 했다. 소송 전망도 그리 밝지 않았다. 평판은 평판대로 안 좋아지고, 소송에서 패하면 거액의 위자료도 잃게 될 처지였다. 아내를 살해하고 시신을 숨겨 단순 실종 사건으로 처리해야겠다는 게 고심 끝에 내린 결론이었다.

문제는 남편인 자신에게 돌아올 용의자로서의 의심이었다. 최선은 '누군가 A씨를 살해해주는 것'이었고, 차선은 '살해를 한 뒤 알리바이를 조작하거나 시신을 은닉하는 데 믿을 만한 사람이 도와주는 것'이었다. 그 선택이 바로 최씨였다.

"아내와 절반씩 지분을 나눈 집의 반을 줄 테니 죽여달라"는 제안이 먼저 갔고, 나중에는 "내가 계획할 테니 너는 도와주기만 하면 된다. 네가 결혼하자고 하면 해줄 것이고 돈을 달라면 다 주겠다"는 제의가 이뤄졌다. 최씨는 후자를 선택했다. "14억 원 정도 복권에 당첨됐다고 생각하고 아이들한테 집 한 칸씩 사주고. 커피 전문점 차려서 당신이 관리하도록 해주겠다"는 말도 최씨에겐 달콤한 유혹이었다.

둘은 범행 준비를 위해 시신을 은닉할 장소를 물색하러 나섰다. 강씨가 A씨를 유인해 살해하면, 최씨가 근처에 대기하고 있다가 합류해서 이후 시신과 유류품을 넘겨받아 숨기는 것으로 시나리오도 만들었다. 3월 24일 가거대교와 마창대교를 둘러보며 폐쇄회로 TV의 위치를 확인했고, 4월 1일에는 을숙도대교를 답사했다. 최종적으로 을숙도대교 주위에 시신을 던져 넣기로 의견을 모았다.

다음 날인 4월 2일 밤 11시, A씨가 해운대 백사장에 나타났다. "만나자"는 강씨 연락을 받은 지 10시간 만이었다. 인근 주차장에 세워둔 차 안으로 자리를 옮긴 강씨는 A씨의 목을 졸라 살해했다. 이후 처리는 일사천리였다. 트렁크에 미리 준비해둔 쇠사슬과 마대, 나일론 끈, 쇠고리를 꺼낸 다음 시신을 가방에 담았다. 시신은 1시간가량 떨어진 곳에서 기다리던 최씨의 차에 옮겨 실었다.

강씨는 약속대로 최씨에게 이후 할 일을 맡기고 집으로 돌아갔다. 알리바이를 만들기 위해서였다. 최씨는 사전 답사를 마친 을숙도대교 감전 IC 방면 200미터 지점에서 시신을 낙동강 물속으로 던져 넣었다.

강씨는 이 같은 범행을 시인하면서도 "내연녀가 살해한 것이다" "나는 유기만 도와줬다"고 발뺌했다. "사전 공모를 하진 않았다" "우발적이었다"고 진술하는 등 형량을 낮추기 위해 필사적으로 노력했다. 경찰은 강씨가 범행하고 2시간 뒤 SNS 카카오톡 계정을 삭제한 사실도 확인했다. 이후 그는 카카오톡 본사를 찾아가 IT 업계에서 자신의 지위를 들먹이며 "최씨와 주고받은 메시지를 삭제하라"고 했다고 한다.

휴대폰도 변경하며 타인 명의의 유심USIM을 사용했다. 컴퓨터 하드디스크도 삭제했다. 경찰이 복구한 카카오톡 메시지에는 "(시신을 담을) 가방 구하러 다니고 있다"(강씨 · 3월 27일) "(시신을 유기할) 대교에 갔다 왔어요. 밤늦은 시간에 같이 가보기로 해요"(최씨 · 3월 28일) 등 둘이 공모한 내용이 다수였다. 거기서 범행 전날 부인을 죽이려다 실패한 정황도 드러났다.

"자신이 가진 지식을 증거 없애는 데 활용하는 지식인 피의자의 전형적인 모습이었습니다."

수사팀은 혀를 내둘렀다.

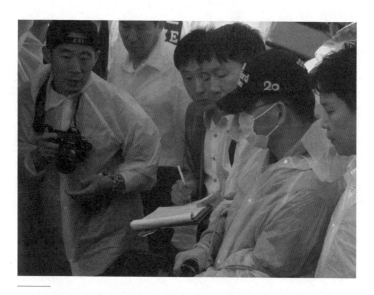

부인을 살해하고 유기한 혐의로 구속된 대학교수 강씨가 시신을 유기한 장소인 부산 을숙도대교에서
범행을 재연하고 있다. 사진 연합뉴스

2011년 11월 1심 재판부는 강씨와 최씨에게 살인 및 사체 은닉 혐의를 적용해, 각각 징역 30년과 징역 10년을 선고했다. 2012년 7월 대법원은 강씨에게 징역 22년, 최씨에게 징역 5년을 선고한 원심을 확정했다.

● 남편 강씨와 내연녀 최씨가 나눈 카카오톡 대화

--- 3월 27일 ---

강씨
"난 쫌 전에 나와서 가방을 구하러 다니고 있다.."

--- 3월 28일 ---

강씨
"감 좀 잡히든..?"

최씨
"대교에 갔다 왔어요
밤 늦은 시간에 같이 가보기로 해요.."

--- 4월 1일(범행 전날) ---

강씨
"간신히 몸 추슬렀다.. 많이 약해졌어..ㅜㅜ"

최씨
"몸 잘 챙겨야 해요 힘이 있어야 일도 치를 수 있을 테니까요"

--- 4월 2일(범행 당일) ---

강씨
"오늘 밤 10시 30분.. 해운대 OO호텔 근처에서 보기로 했다.
일할 때 가까운 근처에 있어줘"
오후 1시 57분

"오늘은 올 때도 갈 때도 고속도로 톨게이트를 피해 다녀라
카메라 때문.. ··"
오후 5시 2분

"해운대 근처에 있거나 일 치르는 근처에 있을 때에는
전화도 문자도 하거나 받지 말거라.. 완벽!"
오후 5시 39분

"와 빨리"(범행 직후인)
오후 11시 38분

사건 일지

2011년 3월 말 남편 강씨는 내연녀 최씨와 공모해 범행을 준비한다.

4월 2일 밤 10시 아내 박씨는 "남편 만나러 간다"며 친정집을 나선다.

같은 날 밤 11시: 남편 강씨가 본인 차량에서 아내의 목을 졸라 살해한다. 이후 내연녀가 시신을 강씨에게서 인도받아 을숙도대교에서 유기한다.

4월 4일 남편 강씨는 카카오톡 본사를 직접 찾아가, 내연녀 최씨와 주고받은 메시지 내용을 삭제할 것을 요구한다.

4월 5일 박씨의 남동생이 "누나가 사라졌다"며 경찰에 실종 신고를 한다.

4월 15일 경찰은 박씨의 실종 사건을 공개수사로 전환한다.

5월 3일 내연녀 최씨가 해외로 도피한다.

5월 21일 을숙도대교 인근에서 박씨의 시신이 든 검은색 가방이 발견된다. 곧바로 경찰은 강씨를 긴급 체포한다.

5월 24일 사흘간의 조사 끝에 강씨가 범행을 자백한다.

시신 없는 살인

**완전범죄를 노린 이들,
범행 전에 이전 사건을 꼼꼼히 공부**

아내를 살해하기로 내연녀와 공모하고 거가대교와 을숙도대교 등을 돌며 시신을 유기할 장소를 물색할 때 강씨가 노렸던 건 하나였다.

'시신 없는 살인', 완전범죄다.

그런 그들에게 설치된 폐쇄회로 TV 수가 상대적으로 적은 을숙도대교는 최적의 장소였다.

해운대 해수욕장에 내린 뒤의 A씨 행적이 드러나지 않고, 강씨 주장처럼 가출했는지 사망했는지조차 알 수 없는 상황에서 수사팀은 난항을 겪을 수밖에 없었다. 강씨가 경찰이 들이미는 증거에 "전 아닙니다" "뭔가를 잘못 안 것 같습니다"라며 태연히 범행을 부인한 것 역시 시신이 나오지 않았기에 가능한 일이었다. 그가 범행을 시인한 것은 실종 49일 만에 이제 시신이 발견됐기 때문이다.

경찰과 검찰 수사에 자문을 한 경력도 무시할 수 없지만, 강씨는 이러한 범죄 메커니즘을 잘 알고 있었다. 범행하기에 앞서 이전에 일어난 '시신 없는 살인 사건'을 공부한 흔적이 나왔다. 인터넷에서 자료를 꼼꼼히 검색했다. 그중 하나가 '예비신랑 실종 사건'이다.

2010년 6월, 결혼을 넉 달 앞둔 예비신랑 김 모(32세) 씨는 약혼녀의 남자 친구 이 모(32세) 씨의 연락을 받고 나갔다가 행방불명이 됐다. 자신의 사무실에서 김씨의 혈흔까지 발견됐지만 이씨는 "감금했을 뿐 살인하지는 않았다"고 주장했다. 2011년 3월 항소심 재판부는 납치와 폭행 혐의로 기소된 이씨에 대해 "감금하고 폭행했다는 증거만으로는 김씨를 살해하기 위해 계획했다고 보기 어렵다"며 징역 15년을 선고한 1심을 깨고 징역 7년을 선고했다. 김씨의 생사가 불명확한 상황에서 수사기관이 살인을 증명하지 못한 셈이다. '부산 교수 부인 살인 사건'의 강씨가 범행을 저지르기 불과 여드레 전에 나온 재판 결과였다.

2017년 3월 발생한 '인천 초등학생 살인 사건'(〈덜미, 완전범죄는 없다 4〉 수록)의 가해자인 김 모(17세) 양도 범행하기 직전 휴대폰으로 '부산 시신 없는 살인 사건'을 검색했다. 2010년 6월 노숙인 김

'시신 없는 살인 사건'을 주제로 한 영화 '의뢰인'의 한 장면. 사진 영화 화면 캡처

모(26세) 씨가 손 모(42세) 씨를 따라 부산으로 갔다 7시간 만에 사망한 '부산 노숙인 살인 사건'을 말한다.

손씨는 대구의 한 여성노숙인쉼터에서 김씨를 만나 자신을 부산의 어린이집 원장이라고 소개한 뒤 보모로 근무하게 해주겠다고 속여 차에 태워 부산으로 향했다. 다음 날 새벽 김씨는 손씨의 차 안에서 사망했다. 손씨는 숨진 김씨를 병원 응급실로 데려갔고 병원 측이 "(김씨가) 원래 심장이 안 좋았다"는 그의 말을 믿고 급성 심근경색 사망으로 처리하는 과정에서 자신이 숨진 것처럼 서류를 냈다. 그리고 곧바로 시신을 화장해 부산 바닷가 등에 뿌렸다.

검찰은 손씨가 보험금을 타내기 위해 주변 사람들이 찾지 않을 여성 노숙인을 살해했다고 판단해 살인과 사체은닉 등 혐의로 기소했다. 하지만 손씨는 김씨가 차에서 숨졌을 때 자신이 숨진 것으로 꾸미면 보험금을 받을 수 있겠다 생각했다고 하며 무죄를 주장했다.

1심은 살인 혐의를 인정해 무기징역을 선고하지만 항소심은 살인 혐의는 증거 불충분으로 무죄로 판단하고 사체은닉만 유죄로 인정해 징역 5년을 선고했다. 하지만 객관적인 증거가 없고 피해자의 돌연사 가능성 등 의문이 있어 손씨를 무죄로 판단한 항소심은 잘못됐다며 대법원이 파기 환송했다. 파기환송심은 "자신이 사망한 것처럼 속이는 데 필요한 시신을 구하기 위해 김씨를 유인한 것처럼 보여 살해 동기가 충분히 있다"며 무기징역을 선고했다. 2013년 6월 대법원이 재상고심에서 간접증거로도 살인 혐의가 인정된다며 손씨의 무기징역을 확정해 종지부를 찍었다.

이들이 '시신 없는 살인'을 노리는 동기는 "완전범죄를 꿈꾸기 때문"이라고 전문가들은 말한다. 배상훈 우석대 경찰행정학과 교수는 "시신이 없으면 '사망했다'는 게 성립되지 않고, 범행 방법을 재구성한다 해도 '추정'에 불과할 수밖에 없기 때문"이라고 했다.

낮은 형량이 나올 가능성이 높다는 점 역시 이들이 시신을 숨기는 주요 이유다. 배교수의 분석 역시 시신 없는 살인 사건의 곤경을 말해준다. "정황증거와 간접증거만으로 살인을 입증하는 경우도 있으나, 사실 그러한 증거와 '사람을 실제로 죽였는가'라는 문제는 별개라고 할 수 있다."

17

화성 고기절단기 살인 사건

"트럭 짐칸에 저게 뭐죠?"
폐쇄회로 TV에 고기 자르는 기계가 포착됐다

사라졌다, 흔적도 없이. 2015년 2월 4일 저녁 예배를 마치고 집으로 가던 박 모(66세) 씨가 자취를 감췄다.

집 안 식탁 위에는 호떡이 싸늘히 식어 있었다. 밥을 하려고 씻어둔 쌀도 그대로였다. 박씨는 5개월 전 남편을 저세상으로 떠나보내고 혼자 살고 있었다.

다음 날 오전 교회에 함께 다니는 마을 사람이 박씨를 찾았다. 함께 병원에 가기로 약속했었는데 박씨가 나타나지 않았다. 40년 넘게 한동네에 살면서 처음 있는 일이었다. 매일 새벽 5시가 되면 박씨는 어김없이 교회에 나왔다.

"말도 없이 어디 갈 사람이 아닌데…."

동네 사람들이 고개를 갸웃거렸다. 박씨 아들이 실종 신고를 하기 위해 경찰을 찾았다.

닷새가 흘렀다. 2월 9일 오후, 박씨 집 근처 논밭을 수색하던 중 경찰은 검은 연기가 피어오르는 것을 보았다.

"불입니다! 불!"

시뻘건 불이 박씨 집 별채를 집어삼키고 있었다. 별채에는 김 모(59세) 씨가 15년째 세 들어 살고 있었다. 마침 그날은 경찰이 별 채를 살펴보기로 한 날이었다. 전날 "집 안을 감식하겠다"고 요청 했지만, 김씨는 "바쁘다"는 이유로 일방적으로 날을 늦췄다.

"감이 왔습니다." 경찰이 말했다. "원래 김씨를 전혀 의심하지 않았는데, 억지로 감식을 미루는 거며, 갑자기 집에 불이 난 거 며… 의심스러울 수밖에요."

1시간 뒤 화재 현장에 도착한 김씨의 태도도 예사롭지 않았다. 15년을 산 집이, 그것도 송두리째 사라졌는데 그는 전혀 당황한 기색이 없었다.

"젖은 옷을 말리려고 히터를 켜 놓고 갔는데, 그게 화재 원인 이 됐나 보죠."

경찰이 질문할 때면 김씨는 차분히 답했다.

이튿날 경기 화성동부경찰서는 박씨 사건을 여성청소년수사팀 에서 강력팀으로 넘겼다. 단순 실종이 아니라 살인 사건으로 수 사를 하겠다는 뜻이다. 경찰 레이더망에 포착된 용의자는 김씨, 한 명이었다.

박씨 행적을 밝혀내는 게 급선무였다. 6개 강력팀 전원이 사건에 투입됐다. 동네에 설치된 폐쇄회로 TV에서 영상을 취합해 이 잡듯 돌려 보고 또 돌려 봤다. 박씨 모습은 2월 4일 저녁 8시 20분쯤 나타난 것이 마지막이었다. 교회 버스에서 내린 그녀는 곧장 집 쪽으로 걸어가고 있었다.

마을을 지나는 버스를 일일이 찾아 블랙박스 영상을 살펴봤지만 박씨 흔적은 보이지 않았다. 당일 콜택시나 렌터카를 이용한 기록도 없었다. 집에서 사라졌을 가능성이 높았다.

김씨 행적도 쫓아나갔다. 집으로 향해 나 있는 골목 입구에 폐쇄회로 TV가 설치돼 있었는데, 여기에 박씨보다 1시간 앞서 흰색 트럭을 몰고 집으로 가는 김씨의 모습이 포착됐다. 그리고 다음 날 오전 9시쯤 돼서야 같은 폐쇄회로 TV 화면에 다시 등장했다.

"저게 뭘까?"

화면을 분석하던 경찰이 중얼거렸다. 차 뒷좌석에 상자처럼 보이는 물건이 실려 있었다. 김씨의 트럭은 골목을 나와 30분가량 거리에 떨어진 한 공장으로 향했다. 김씨의 지인이 운영하는 곳이다.

"잠시만요. 저 트럭 짐칸에 실린 것 보이죠?"

수사팀에서 가장 연차가 낮은 형사가 폐쇄회로 TV 화면을 가리켰다. 김씨가 방문한 공장에서 확보해 온 폐쇄회로 TV 영상이었다. 오전 9시 40분쯤, 화면 속의 김씨는 공장 앞에 차를 세운 다음 짐칸에서 무슨 기계를 내려 안으로 들고 들어갔다. 나올 때는 빈손이었다.

"육절기(골절기) 같은데…. 왜, 정육점에서 뼈째 고기를 자를 때 사용하는 고기절단기 있잖아."

수사팀 손동신 경사가 대꾸했다.

"이거, 왠지 범행 도구 같은데…."

손경사 주변으로 형사들이 몰려들었다. 누구 하나 입을 열지 않았지만, 모두들 등줄기로 흐르는 땀을 느꼈다. 손경사의 감과 말이 맞다면? 토막 살인 사건이었다!

폐쇄회로 TV 영상 속 김씨 모습은 분명 수상했다. 공장에서 나온 김씨는 낮 12시 50분쯤 가까운 하천 둑길로 차를 몰았다. 그리고 오후 3시 40분쯤 그곳에서 5킬로미터쯤 떨어진 둑길에서 다시 폐쇄회로 TV 영상에 등장했다. 평소라면 6분 정도면 갈 수 있는 거리를 2시간 50분 걸려 이동한 것이다. 당시 수사를 맡았던 김경연 경위는 그때 트럭 뒷좌석에 실린 상자에 주목했다고 한다.

"무엇보다 둑길로 들어갈 땐 보이던 트럭 뒷좌석의 상자가 둑길에서 나온 이후엔 보이지 않았죠. 하천에서 상자를 처리하고 나왔다는 말인데, 그 안에 숨진 박씨의 시신이 들어 있었을 것으로 봤습니다."

퍼즐 조각이 조금씩 맞춰져갔다.

화재 사건을 분석한 결과도 나왔다. 현장 감식을 여섯 번 하고 모의실험까지 진행했다. 어느 정도 예상이 들어맞았다. 김씨가 자기 집에 일부러 인화 물질을 뿌리고 불을 질렀다는 게 감식팀이 내린 결론이다. 폐쇄회로 TV 영상에도 2월 9일 오후 2시 45분쯤 김씨가 집에서 나오는 장면이 찍혀 있었다. 불이 난 것은 그 직후 2분이 지난 시점이었다. 경찰은 김씨를 방화 혐의로 검거한 뒤 박씨 살인 사건을 밝혀내기로 했다. 경찰은 2월 12일 김씨를 체포하고 곧바로 구속했다.

김씨는 경찰 조사에서 '모르쇠'로 일관했다.

"눈 하나 깜빡하지 않고 '모른다'는 말만 하더라고요. 박씨를 죽이지도, 집에 불을 지르지도 않았다는 거죠. 우리(수사팀)끼리 '고래 힘줄'이라고 부를 정도였습니다. 어쩜 그리 고집이 센지, 그런 사람 처음 봤어요."

김경위는 당시를 떠올리며 혀를 내둘렀다. 시신도 범행 도구도 발견되지 않은 상태에서 김씨가 쉽게 자백할 이유가 없다는 걸 경찰도 모를 리 없었다.

김씨가 부인하던 것과 달리 피해자 박씨의 흔적은 김씨 행적 곳곳에서 발견됐다. 의문스러운 상자를 싣고 다니던 트럭 뒷좌석에 루미놀 시약을 뿌리자 두 군데에서 점이 파랗게 빛났다. 혈흔이었다. 국립과학수사연구원에 긴급 감정을 의뢰한 결과 박씨 DNA임이 밝혀졌다.

김씨가 고기절단기를 내려놓은 공장에서도 혈흔이 나왔다. 기계가 놓여 있었던 자리와 절단기 성능을 확인하려고 잘라봤다던

나무토막에서 박씨 DNA가 검출됐다.

"사실상 범인이 누군지가 다 드러났다고 봐야겠죠."

하지만 문제가 있었다. 절단기가 보이지 않았다.

"(김씨가 검거되기) 며칠 전 밤에 공장에 와서 기계를 다시 찾아 가더라고요."

공장 운영자가 진술했다. 절단기를 찾아야 했다.

다시 폐쇄회로 TV의 힘을 빌려보기로 했다. 2월 10일 밤 공장에서 절단기를 회수해 간 김씨가 다음 날 오전 1시 30분쯤 트럭을 몰고 서울로 향하는 모습이 찍혔다. 이후 6시간이 지나 화성으로 돌아왔는데, 갈 땐 실려 있던 절단기가 돌아올 때는 보이지 않았다.

"트럭을 몰고 나간 뒤 청계 IC를 이용한 게 확인됐습니다. 그곳과 화성 사이에 있는 의왕이나 수원에 버렸을 거라고 생각했습니다."

김경위를 비롯한 형사들은 김씨 동선을 추적하는 동안, 직접 국도를 걸어 내려오며 폐쇄회로 TV를 찾아다녔다.

"여기 차 한 대가 비상등을 켜놓고 잠시 멈춰 서 있는데요."

한 형사가 의왕의 한 농원에 설치돼 있는 폐쇄회로 TV를 확인하다가 화면 왼쪽 구석을 가리켰다. 어두워 차 번호판은 보이지 않았지만 의심이 가는 건 무조건 확인해야 했다. 그리고 그 현장에서는 절단기에 끼워져 있었던 것으로 보이는 길이 165센티미터짜리 띠톱이 발견됐다. 여기서도 박씨 DNA가 검출됐다. 김경위는 "2주가 지났는데도 피와 DNA가 또렷이 검출됐다"고 그때를 떠올렸다.

수사는 진척이 있었지만, 마침표를 찍기에는 부족했다. 김씨가 박씨를 살해한 사실을 입증하려면 박씨 시신이 있어야 했다. 시신이 없으면 띠톱에 박씨가 사망했는지를 '명확히' 알 수 없었다. 김씨가 시신을 버린 것으로 추정되는 하천에 경찰 수천 명이 투입됐지만, 성과는 쉬이 나오지 않았다. 범행 도구인 절단기의 본체도 모습을 드러내지 않았다.

이번엔 '형사의 촉'이 중요한 역할을 했다. 아무리 폐쇄회로TV 영상을 돌려 봐도 절단기 본체를 버리는 장면은 나오지 않았다. '어디에 버리는 게 가장 자연스러울까. 띠톱을 버렸으니까 절단기는 이미 쓸모없는 고철 덩어리가 됐겠지. 그럼, 그 고물을 어디에 버렸을까.' 답은 뻔했다.

수사팀이 수원 시내 고물상을 뒤져나갔다. 수원은 김씨가 절단기를 버렸을 가능성이 가장 높은 곳이었다. 몇 군데를 찾았을까, 한 고물상에 도착했더니 사람들이 눈에 익은 흰색 기계를 막 해체하고 있었다.

"사장님, 잠깐 멈추세요! 그거 그대로 두세요!"

소리를 지르며 뛰어간 형사들에게 고물상 주인은 "누가 문 앞에 두고 갔기에 열흘 넘게 기다렸다가 이제 처분하려던 참"이라고 했다.

"고물상에서 열사흘을 기다린 것도, 해체 도중에 경찰이 발견한 것도 기적이라고밖에 생각이 안 들더라고요."

김경위는 이 순간을 사건의 '하이라이트'라고 표현했다.

절단기를 감식한 결과는 예상보다 더 끔찍했다. 혈흔은 물론 피해자 DNA와 일치하는 근육, 뼈, 피부, 신경조직까지 나왔다. 김씨가 박씨를 살해했다. 그 외에 달리 해석할 여지가 없었다. 경찰은 석 달 동안 보충 수사를 한 뒤 6월 8일, 방화 혐의로 이미 재판을 받고 있던 김씨에게 살인 및 사체 유기 혐의를 추가로 적용해 검찰에 송치했다.

김씨는 경찰에서도, 검찰에서도 입을 닫았다. 특히 왜 박씨를 죽였는지에 대해 말이 없었다. 경찰과 검찰은 조사를 통해 드러난 정황으로 대강을 추정해야 했다. 평소 박씨에게 애정을 표현하던 김씨는 박씨 남편이 사망하자 감정을 노골적으로 드러냈다고 한다. 하지만 기대와 달리 박씨는 여러 이유를 들며 계속 거절했다.

엎친 데 덮친 격으로 1월 말 2억 6000만 원에 달하는 토지 보상금을 받은 박씨는 자신에게 집착하는 김씨에게 집을 비워줄 것을 요청했다. 이 지점에서 박씨를 살해할 마음을 먹게 됐다는 게 수사기관의 추리다. 실제 2014년 10월 한 달간 29차례에 달했던 두 사람 간 통화는 점점 줄어들어 2015년 1월 17일 이후엔 단 한 차례도 없었다.

조사한 결과 김씨는 범행 직전인 1월 말 본인 컴퓨터에 인체 해

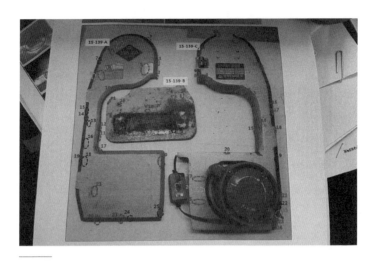

사건 당시 범인이 사체 훼손에 사용한 것으로 추정되는 고기절단기. 피해자 DNA가 다량 발견됐다.
사진 화성동부경찰서

부도를 내려 받는가 하면, 시신을 해부하는 다큐멘터리를 시청하기도 했다. 같은 시기 고기를 가는 기계인 '민찌기'(고기분쇄기)와 '까마귀 먹이'를 인터넷에서 검색한 흔적도 나왔다. 범행에 사용한 고기절단기를 인터넷 중고 거래로 산 때는 1월 30일이었다. 경찰 관계자는 "철저한 계획범죄였다"고 말했다.

수원지방법원 형사15부는 2016년 2월 피고인 김씨에게 무기징역을 선고했다. "범행 방법이 매우 잔인하고 피해자의 인격에 대한 최소한의 존중도 찾아볼 수 없으며, 자신의 범행에 대해 변명으로 일관하며 반성하는 기색이 전혀 없다"는 이유였다. 김씨는 1심과 2심 모두 판결에 불복했지만, 2016년 12월 29일 대법원에서 무기징역 형 확정판결을 받고 현재 복역 중이다.

범행장소

별채(패널식건물)

2015년
2월 4일
오후8시23분
피해자 귀가.
흔적도 없이
사라짐

❶

❷
5일
오전9시12분
김씨, 트럭 뒷좌석에
박스를 싣고
집 출발

수원역 · 수원시청 · 수원시

수원버스터미널

세류역

❸
5일
오전9시45분
지인 공장에
고기절단기를
맡김

반정동

범점역
지하철1호선 · 서동탄역

세마역

서오산JCT

봉담 동탄
고속도로

서랑저수지

정남중

괘랑리

❹
5일
낮12시49분
하천에 훼손한 시신 유기(추정)

정남초교

황구지천

신리
정남중

발산리
용수리

시신 유기 추정 위치

정남면사무소

정남면

화성시

금복리

평택-화성
고속도로

김씨 트럭 뒷좌석 두 군데에서
발견된 피해자 혈흔

망월리

5일
오후3시34분
❺ 하천 둑길에서 나옴

계향리

사건 일지 _____

2015년 2월 4일 저녁 8시 23분 저녁 예배를 마치고 귀가하는 피해자의
　　　　모습이 마을 폐쇄회로 TV에 찍힌다. 이후 흔적도 없이
　　　　사라진다.

2월 5일 오전 9시 12분 피해자의 집 별채(패널식 건물)에 사는 김씨가
　　　　트럭 뒷좌석에 박스를 싣고 집을 나선다.

같은 날 오전 9시 45분 김씨는 지인의 공장에 고기절단기를 맡기고
　　　　떠난다.

같은 날 낮 12시 49분 경찰은 이때부터 김씨가 하천에 훼손한 시신을
　　　　유기한 것으로 추정한다.

같은 날 오후 3시 34분 김씨가 모는 트럭이 하천 둑길에서 나오는 모
　　　　습이 포착된다.

같은 날 저녁 7시 20분 피해자의 아들이 파출소에 실종 신고를 한다.

2월 8일 오후 5시 35분 경찰이 오후 6시경 김씨의 집을 감식하기로 되
　　　　어 있었으나, 김씨가 이를 일방적으로 미룬다.

같은 날 밤 9시 15분 김씨가 지인에게 본인 컴퓨터 하드디스크를 포맷
　　　　해줄 것을 요구한다.

2월 9일 오후 2시 47분 김씨가 귀가한 지 12분 만에 외출한다.

같은 날 오후 2시 49분 김씨 집에 화재가 발생하는데, 경찰은 김씨가
　　　　방화한 것으로 추정한다.

2월 10일 밤 9시 48분 김씨는 지인의 공장에서 고기절단기를 회수해

간 뒤 서울로 향한다.

2월 11일 아침 6시 26분 김씨가 경기 의왕에서 고기절단기의 띠톱을 버린다. 아침 7시쯤에는 수원에서 고기절단기 본체를 버린다.

2월 12일 낮 12시 15분 방화 혐의로 김씨를 체포한 뒤 구속한다.

2월 24일 오후 1시 30분 경찰이 수원에서 고기절단기 본체를 찾아낸다.

6월 8일 김씨를 살인 및 사체 유기 혐의로 검찰에 송치한다.

잔혹 범죄

잔혹한 토막 살인은 사이코패스 심리와 관계없다

'화성 고기절단기 살인 사건' 범인 김씨를 두고 경찰 내부에서도 '사이코패스'(반사회적 성격장애)일 것이라는 얘기가 나왔다. 자신이 좋아하는 여성을 살해한 것도 모자라 시신을 잔혹하게 훼손했다는 점에서 '정상 감정을 가진 사람은 아닐 것'이라고 생각한 것이다. 김씨의 별채에서 화장실 배수관을 파헤쳐 정밀 분석했을 때 피해자의 DNA와 혈흔이 검출됐다. 김씨가 먼저 집 안에서 시신을 훼손한 다음 육절기를 사용했다는 뜻이었다.

그러나 김씨를 면담한 프로파일러는 "김씨는 사이코패스가 아니다"라는 결론을 내렸다. 토막 살인이라는 잔혹한 범죄 행태와

연쇄살인범 유영철이 2004년 7월 현장검증을 위해 서울 서
대문구 봉원사 계곡으로 내려가고 있다. 사진 한국일보

사이코패스 범죄자의 심리는 무관하다는 얘기였다.

전문가들은 대체로 토막 살인이 우발적인 살인을 저지른 뒤 범
행을 은폐하기 위한 목적으로 행해진다고 설명한다. 2012년 일어
난 '부천 초등학생 토막 살인 사건'이 대표적인 사례다. 당시 부모
는 여섯 살인 아들을 폭행해 숨지게 한 뒤 시신을 훼손해 냉동실
에 보관해오다 4년 만에 발각됐다. 범인들은 실제 경찰에서 "상습
폭행 혐의가 드러날 것이 두려워 시신을 훼손했다"고 진술했다.
2015년 '시화호 토막 살인 사건'(책 22회 사건에서 상세히 소개)도 우
발적으로 아내를 죽인 중국 동포 김하일이 범행을 들킬 것을 걱

정해 저지른 범죄였다는 게 경찰의 설명이다.

이는 물론 완전범죄를 노리는 행동이기도 하다. 살인의 경우 시신이 있어야 '피해자가 죽었다'는 걸 입증하고, 시신이 있어야 '살인 흔적'을 발견할 수 있기 때문이다. 화성 고기절단기 살인 사건 역시 피해자 시신이 끝까지 발견되지 않아 김씨를 살인죄로 기소하는 데 어려움을 겪었다. 경찰 관계자라면 다들 알고 있는 사실이다.

"보통 살인 사건에서 피해자 시신이 발견되지 않는 경우, 범인을 알아도 범행을 입증하기가 매우 어렵다."

사이코패스가 토막 살인을 저지르는 예외는 있다. 2003년부터 2004년까지 서울 도심에서 노인과 여성 20명을 연쇄 살인한 유영철이 그렇다. 유영철은 사이코패스 판정 테스트 결과 35점 만점에 34점을 받았다고 한다. 배상훈 우석대 경찰행정학과 교수 역시 토막 살인 하면 사이코패스를 연상하는 대중의 생각을 반박했다.

"사이코패스 성향을 가진 살인자가 시신을 심하게 훼손하는 경우는 많지 않다. 그들은 대체로 특정 목적을 달성하기 위해 살인을 하기 때문에, 굳이 힘들여 시체를 토막 내는 방식을 택하지 않는다."

18

부산 고부 살인 사건

67번 시내버스 블랙박스에 찍힌 남자는 친구의 남편, 왜?

"뚜루루루… 뚜루루루…."

몇 번이나 전화를 걸었지만 끝내 받지 않았다. 2014년 1월 7일 저녁, 김 모(당시 35세) 씨는 고개를 갸웃했다. 그런 경우는 흔치 않았다. 어머니가 전화를 받지 않은 것이 언제부터였더라. 기억이 잘 나지 않았다.

어머니 정 모(65세) 씨는 남편과 사별한 뒤 시어머니 김 모(86세) 씨와 부산에서 단둘이 살고 있었다. 장남인 김씨는 서울에서 하루도 거르지 않고 전화했다. 전화 통화를 하고 안부를 주고받으면서, 그렇게 7년을 보냈다고 김씨는 말했다.

다음 날 아침 아들은 부산행 비행기에 몸을 실었다. 아침 8시 55

분, 정씨가 사는 부산진구 가야동의 건물 4층에 도착했다. 문은 안에서 잠겨 있었다. 비밀번호를 누르고 문을 열었지만, 불길한 생각이 들어 현관으로 발을 내딛기가 쉽지 않았다.

정씨는 거실에 쓰러져 있었다. 머리에서 흐른 피가 바닥에 흥건했다. 피는 4미터 정도 퍼져 말라 있었다. 비리고 역한 냄새가 났다. 작은방에서는 할머니 김씨가 피투성이로 발견됐다. 김씨가 덮고 있는 흰색 이불은 피가 스며들어 절반 이상이 새빨갰다. 둘 다 숨이 멈춘 채 싸늘히 식어 있었다.

경찰은 곧바로 수사본부를 꾸렸다. 관할인 부산진경찰서의 강력팀과 형사팀 전원, 부산지방경찰청에서 파견 나온 과학수사 요원까지 73명에 달하는 인원이 투입됐다. 현장에 도착한 경찰들의 반응은 나쁘지 않았다. 다들 "(현장 감식이) 금방 끝나지 않겠냐"며 기대하는 분위기였다.

"이렇게 너저분한 현장에서 범인 지문 하나 안 나오면 그게 이상한 거지."

누군가 무심코 내뱉었다. 살해 현장과 어울리지 않는 경쾌한 목소리였다.

아수라장이었다. 와인병이 산산조각 나 거실 바닥에 흩어져 있었다. 피해자가 범인의 공격을 제지하기 위해 던진 듯했다. 안방 장롱 안에서 부서진 보석함이 발견됐다. 범인이 집 안을 뒤진 흔적이 여기저기 남아 있었다. 화장실 욕조에는 범인이 몸에 묻은 피를 닦으려고 받아놓았는지 물이 가득했다. 욕조에 정씨 휴대폰이 빠져 있었다. 가스 밸브 바로 아래 관이 날카로운 흉기에 반쯤 잘려져 그 사이로 가스가 조금씩 새어 나오고 있었다.

감식하던 과학수사 요원들 사이에서 탄식이 터져 나왔다.

"나온 게 없습니다."

집 안은 물론이고 건물 옥상부터 1층까지 계단, 난간, 문고리 등 사람 손이 닿을 만한 곳이면 샅샅이 살폈지만, 당장 수사에 도움될 흔적은 나오지 않았다. 지문 세 개를 채취했을 뿐이다. 그나마 족적이 여럿 나온 걸 다행으로 여겨야 할까. K제화에서 생산한 베스트 시리즈 260밀리미터 구두. 그것만으로는 부족했다.

부검 결과가 나왔다. 두 명 모두 망치 같은 둔기로 머리를 가격당해 숨졌다고 국립과학수사연구원은 결론 내렸다. 눈에 띄는 건, 이들이 맞은 횟수였다. 김씨가 9번, 정씨는 무려 25번이었다. 무차별적인 가격으로 봐야 했다. 피해자가 쓰러진 뒤에도 범인이 둔기를 계속 휘둘렀다는 얘기다. 그것은 '죽이겠다'는 의도가 분명하다는 뜻이기도 하다. 경찰은 '원한 관계에 있는 면식범일 가능성'에 주목했다.

사망 추정 시간에도 차이가 났다. 김씨가 사망하고 1시간 30분 정도 지나서 정씨가 숨졌다. 범인은 김씨를 살해한 뒤 그 시간 동안 정씨를 기다린 게 분명했다. 마침 경찰이 조사한 결과, 정씨가 자신이 살던 건물을 포함해 소유한 부동산만 당시 시가로 43억 원가량에 이르는 재력가라는 게 확인됐다. 막대한 액수의 예금이 있었고, 수억 원 가치를 지닌 보석도 금융기관 개인 금고에 따로 보관하고 있었다.

"김씨를 죽이고 집 안 구석구석을 뒤져봤지만 돈이 될 만한 게 안 나온 거죠. 그래서 정씨가 오기를 기다린 겁니다."

당시 수사 경찰은 그렇게 예상했다.

'원한 혹은 재산.' 경찰은 두 키워드에 집중했다. 우선 정씨 주변 인물에 초점을 맞췄다. 친인척부터 정씨 건물의 전·현 세입자, 학교 동창, 집을 몇 번 오간 택배기사까지 총 419명이 차례차례 조사를 받았다. 하지만 뚜렷한 혐의점을 가진 사람은 없었다.

"그 사람(정씨)이 누구에게 원한 살 사람은 아니죠."

"성격이 워낙 원만해서 사람들이랑 잘 지냈어요."

주변 사람들의 말은 대부분 비슷했다. 좀 더 범위를 넓혀 가야 2동 전체 1821세대를 상대로 혐의점과 알리바이를 확인했지만 역시 허탕이었다.

수사본부가 잠깐 들썩이기는 했다. 정씨가 소유한 물건을 확인하던 중 모자에 '박○○'이라는 이름이 쓰여 있는 것을 발견했다. 유족 중에 그 이름을 아는 이는 없었다. 경찰이 전국에 걸쳐 파악한바 이름이 같은 인물은 102명이었다. 부산·창원 지역으로 범위를 좁히니 6명이 나왔다. 102명을 조사하고 6명에 특히 집중했지만, 피해자와는 어떤 접점도 찾을 수 없었다.

현장에서 나온 족적 'K제화 베스트 시리즈 260밀리미터'도 별 도움이 안 됐다. 신발은 2007년부터 사건 당시까지 판매돼온 인기 제품이었다. 부산 매장 아홉 곳에서만 몇 달 새 100명 이상이 구입해 갔다. 경찰은 경남 지역 매장까지 수사를 확대해 142명의 인적 사항을 차근히 확인해나갔다. 그런데 용의자는 좀처럼 수사망에 걸리지 않았다. 카드가 아니라 현금으로 결제할 경우 신발을 사간 사람이 누구인지 알아낼 수도 없었다.

그렇게 두 달이 지나갔다. 정씨와 김씨를 누가 살해했는지는 고사하고, '이 사람이 유력한 용의자다'라고 할 만한 인물도 찾아내지 못했다. 수사본부 안에서 "이러다 미제로 끝날 수도 있겠다"는 말이 나오기 시작했다. 웬만한 수사 포인트는 대부분 짚어본 뒤라 수사 인력도 40명대로 축소됐다. '범인을 못 잡을 수 있겠다'는 두려움이 엄습했다.

남은 희망은 폐쇄회로TV밖에 없었다. 수사 초기에 현장 주변을 포함해 가야2동 일대에 설치된 폐쇄회로TV 139대를 확보해두었다. 화면 속에 등장하는 1215명과 차량 2255대의 정보도 수집해놓았다. 그중 범행 현장 방향으로 진입했다가 빠져나온 205명을 추려내는 과정에서 거동이 특히 수상한 11명을 잡아냈다. 사건 발생 시간 전후로 운행된 13개 노선버스 125대에 설치된 블랙박스까지 확보해 분석에 나섰다. 목표는 하나였다.

"귀신이 아니고야 범행 현장 방향으로 갔다 나오는 게 찍혀 있겠지. 무조건 찾아내라."

단서는 범행 현장에서 남쪽 방향으로 150미터 아래, 오래된 철물점에 설치된 폐쇄회로 TV에 있었다. 1월 7일, 정씨가 아들한테서 온 전화를 받지 않던 그날 오후 1시 38분. 대로변을 찍고 있는 철물점 폐쇄회로 TV에 '은색 차량'이 포착됐다. 김씨는 집에 혼자 있고, 정씨는 오전 내내 헬스장에서 운동을 하고 나와서 마침 고등학교 동창 원 모 씨를 만나 밥을 먹던 때였다.

수사관이 펄쩍 뛰며 소리를 질렀다.

"5분 뒤 화면을 보세요. 검은색 옷을 입은 사람이 내려서 범행 현장 방향으로 걸어가고 있어요."

수사본부가 들썩였다. '은색 차량에서 내린 검은 점퍼를 입은 사람'이 다시 현장 방향에서 나오는 장면만 잡아내면 수사 국면이 전환될 수 있었다.

"나왔습니다!"

버스 블랙박스를 분석하던 팀이 다른 영상을 찾아냈다. 대로변을 지나는 67번 시내버스 전면 오른쪽에 설치된 블랙박스에 오후 4시 14분쯤 '은색 체어맨'에 타는 남성이 선명히 찍혀 있었다. 은색 체어맨은 주차된 위치로 볼 때 철물점 폐쇄회로 TV에서 확인된 그 차량이 분명했다. 그 시간이면 정씨가 친구와 헤어지고 집에 들어간 지 30분 정도 지났을 때였다. 범행 추정 시간 '직전'에 범행 현장으로 향했다가 범행 추정 시간 '이후'에 모습을 드러낸 남성이 포착된 것이다. 차에서 내릴 때 입고 있던 검은 점퍼는 보이지 않았다.

"그런데…"

한 수사관이 의문의 남성 얼굴을 가리켰다.

"혹시 이 사람, 피해자가 만나고 있던 원씨의 남편 아닌가요?"

수사관들이 화면 앞으로 모여들었다. 그날 오후 1시부터 3시까지 정씨와 함께 점심을 먹고 쇼핑을 한 고등학교 동창 원씨. 그녀의 남편 김 모(당시 66세) 씨가 맞았다. 그가 타고 다니는 차량도 마침 은색 체어맨이었다.

유력 용의자로 지목된 김씨는 사건 초기에도 잠시 용의 선상에 올랐던 인물이다. 아내를 통해 이미 정씨를 알고 지내던 사이였고, 당시 1억 5000만 원가량 돈 때문에 지인과 법적으로 다투고 있는 형편이었다. '정씨를 알고 있고, 돈이 필요해서 재산을 노린 이'라는 용의자 유형에 딱 맞아떨어지는 사람이었다.

하지만 수사 초기 경찰이 김씨를 '포기'한 이유가 있었다. 금전 문제로 소송을 벌이고 있었지만 외견상 당장 돈이 급해 보이지 않았다. 교회 장로 신분으로 신실한 종교 생활을 이어가는 모습도 인상적이었다. 심지어 정씨 장례식에 참석해 아들을 감싸며 토닥이는 그를 보며 도무지 살인자의 면모를 떠올릴 수 없었다. 경찰로서는 "그날 정씨 집 근처에 간 기억이 없다"는 김씨 진술을 믿을 수밖에 없었다.

이번엔 달랐다. 우선 김씨를 임의 동행했다. 폐쇄회로 TV와 블랙박스 영상에서 사건 당시 행적을 확인했을 뿐, 그가 범행을 저질렀다는 증거는 어디에도 없었다. 범행 현장 근처에 나타난 오후 1시 38분부터 떠난 오후 4시 14분까지 행적을 캐묻는 질문과 대답이 오갔다.

"그 시간 동안 그 동네에서 뭘 하고 있었어요?"

"근처 스크린 골프장에 다니고 있어서 갔습니다."

실제 근처에 그런 스크린 골프장이 있었다.

"스크린 골프장의 화장실 위치랑 구조를 묘사해보세요."

김씨가 머뭇거렸다.

"사실대로 말하세요. 그때 뭘 하고 있었어요?"

"사실 내연녀가 있는데… 차 안에 함께 있었습니다."

경찰은 김씨가 내연녀라고 주장하는 여성에게 바로 연락을 취했다.

"김씨와 내연 관계가 아니며, 그날 같이 있지도 않았다"는 답이 돌아왔다.

게다가 김씨가 운영하는 경남 고성 가리비 양식장의 인근 건물 2층에서 'K제화 베스트 시리즈' 신발이 발견됐다. 감정한 결과, 현장에서 발견된 족적과 일치했다. 신발의 실밥에서는 죽은 정씨의 혈흔이 검출됐다. 김씨는 결국 손을 들었다.

"네. 제가 죽였습니다."

김씨는 그날 차에서 내려서 곧바로 정씨 집으로 향했다. "부동산 임대업자"라고 하자, 시어머니 김씨가 문을 열어주었다. 집으로 들어간 지 1시간이 지났지만 정씨는 나타나지 않았다. 더는 기

사건 당일 피의자가 고부를 살해한 뒤 본인의 차로 돌아오는 모습이 지나가던 버스의 블랙박스에 잡혔다. 사진 부산진경찰서

다리기 어려웠다. 피해자 김씨의 의심스런 눈초리가 부담스러웠다. 미리 준비한 장갑을 낀 뒤 둔기를 들고 김씨가 있는 작은방으로 들어갔다.

마침내 정씨가 집에 들어왔다. 정씨는 와인병을 던지며 저항했지만 역부족이었다. 정씨 휴대폰을 물이 담긴 욕조에 버리고 구두에 묻은 피를 화장실에서 씻은 다음 정씨 지갑을 들고 나왔다. 범행 당시 입었던 검은 점퍼는 트렁크에 넣어놨다 근처 아파트의 쓰레기 분리수거장에 버렸다. 범행 도구는 정씨 집 옆 공사장에 세워져 있던 트럭에 던져버렸다.

김씨는 "다 끝내고 사우나에 가서 온몸을 씻고 나왔다"고 했다. 실제 사우나에 설치된 폐쇄회로 TV에는 웃으며 나오는 김씨의 얼굴이 찍혀 있었다.

　김씨는 다만 '범행 동기'를 두고는 횡설수설했다. 정씨를 기다리는데, 시어머니 김씨가 갑자기 자신과 돈 문제로 싸우고 있던 지인으로 보였다고 했다. "정씨 재산을 노렸냐"는 질문에는 끝끝내 대답하지 않았다. 경찰은 거짓말탐지기 조사까지 거친 결과를 바탕으로 '재산을 노린 계획범죄'라 결론 내렸다. 2015년 7월 대법원은 김씨에게 무기징역을 확정 선고했다.

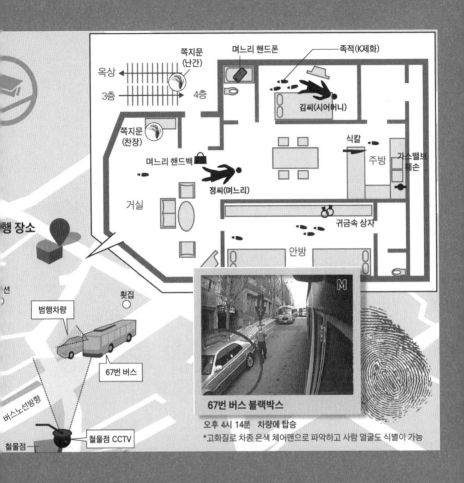

옥상

쪽지문
(난간)

며느리 핸드폰

족적(K제화)

3층   4층

김씨(시어머니)

쪽지문
(찬장)

며느리 핸드백

정씨(며느리)

거실

식칼

주방

가스밸브
훼손

귀금속 상자

안방

행 장소

횟집

범행차량

67번 버스

67번 버스 블랙박스

오후 4시 14분   차량에 탑승

*고화질로 차종 은색 체어맨으로 파악하고 사람 얼굴도 식별이 가능

션

버스노선방향

철물점 CCTV

철물점

폐쇄회로 TV와 시내버스 블랙버스 _____

1. 경찰은 수사 초기에 현장 주변을 포함해 가야2동 일대에 설치된 폐쇄회로 TV를 확보한다. 사건 발생 시각을 전후해 운행된 13개 노선버스 125대에 설치된 블랙박스까지 확보해 분석에 들어갔다.

2. 범행 추정 시간 직전인 오후 1시 38분쯤, 대로변을 찍고 있는 철물점 폐쇄회로 TV에 은색 차량이 찍힌다. 검은 점퍼를 입은 남성이 차에서 내려서 범행 현장 방향으로 걸어가고 있었다.

3. 대로변을 지나는 67번 시내버스 전면 오른쪽에 설치된 블랙박스에 오후 4시 14분쯤 '은색 체어맨'에 타는 남성이 선명히 찍힌다. 은색 체어맨은 주차된 위치로 볼 때 철물점 폐쇄회로 TV에서 확인된 그 차량이 분명했다. 범행 추정 시간 '직전'에 범행 현장으로 향했다가 범행 추정 시간 '이후'에 모습을 드러낸 남성이 포착된 순간이다.

폐쇄회로 TV

영상 확보하기까지 골든타임은 '일주일'

'부산 고부 살인 사건'의 범인을 잡을 수 있었던 건 집요하게 폐쇄회로 TV를 분석한 덕이다. 특히 범인 김씨가 범행 추정 시간대에 현장에 나타난 것을 증명한 67번 시내버스 블랙박스의 '선명한' 영상이 없었다면, 김씨는 "나는 현장 근처에 간 적도 없다"고 계속 잡아뗐을 가능성이 컸다.

그뿐 아니다. 수많은 사건 현장을 누비는 경찰들은 이구동성으로 "폐쇄회로 TV가 범인을 잡는 데 결정적 역할을 한다"고 말한다. 부산 고부 살인 사건에 참여했던 부산지방경찰청 광역수사대 소속 윤성환 경감 역시 이에 공감했다. 다만 조건이 있었다.

"폐쇄회로TV와 차량 블랙박스 영상을 수집하기까지 골든타임은 범행이 발생한 후 '일주일'입니다. 수사 초기에 확보하지 못하면 결정적 단서를 놓칠 수 있습니다."

윤경감의 말에는 다 이유가 있다. 최근 출시된 폐쇄회로 TV와 블랙박스는 대부분 고화질로 녹화된다. 고화질일수록 용량이 큰데 저장 공간은 제한돼 있다. 그래서 저장 공간이 가득 차면 오래된 화면부터 자동으로 삭제할 수밖에 없다. 보통 일주일 간격으로 삭제한다. 이를테면 11월 15일자 영상을 보고 싶어도 11월 22일이 지나 찾아가면 영상은 이미 없어진 뒤라는 말이다.

출시된 지 오래된 폐쇄회로 TV들은 한 달 가까이도 저장된다. 다만 화질이 좋지 않아 수사를 뒷받침하기 어려울 때가 많다. 부산 고부 살인 사건만 해도 고물상 폐쇄회로 TV에 찍힌 모습으로는 범인이라고 단정 짓기 쉽지 않았다. 결국 저장 기한이 일주일밖에 되지 않는 고화질 영상을 얼마나 많이 확보하느냐가 관건인 셈이다.

일주일 안에 '어떤 곳'의 폐쇄회로 TV 영상을 수집하는가도 중요하다. 우선 범인이 범행 현장을 드나드는 경로를 최대 경우의 수로 뽑는다. 그리고 경로마다 설치된 공공기관·사설 폐쇄회로 TV, 차량 블랙박스의 영상을 수집한다. 구청 등 공공기관이 설치한 방범용 폐쇄회로 TV의 영상은 바로 받아볼 수 있지만, 개인 건물이나 차량에 설치된 폐쇄회로 TV와 블랙박스의 영상은 확보하기 어려울 때가 있다. "살인 사건 수사 중"이라고 말하고 양해

서울지방경찰청 폐쇄회로TV 통합관제센터에서 수사관들이 폐쇄회로 TV 영상을 분석하고 있다.
사진 경찰청

를 구해도 "경찰을 믿을 수 없다"며 영상을 주지 않는 경우가 있다.

윤경감은 골든타임 안에 폐쇄회로 TV 영상을 확보하는 일이 얼마나 절박한지 다시 강조했다.

"물론 모든 절차를 밟아 법원에서 영장을 받아서 영상을 확보하는 게 맞습니다. 하지만 그러다가는 골든타임을 놓치기 일쑤죠. 수사기관 입장에서는 '그사이 영상이 삭제되기라도 하면 어쩌나' 전전긍긍할 수밖에 없어요. 결국 시민들의 협조가 절실합니다."

19

포천 농약 살인 사건

시어머니 죽고 7개월 뒤 남편도…
무덤 속 독극물은 며느리를 지목했다

2013년 10월, 50대 여성이 경기 의정부에 있는 생명보험사의 사무실 문을 열었다. 그해 1월 숨진 홍유정(79세) 씨의 딸이자 8월 사망한 이덕진(43세) 씨의 누나인 이주원 씨였다.

그녀는 직원에게 남동생 사망 보험금을 지급했는지 물었다.

"혹시 올케가 보험금을 받아갔나요? 얼마나요?"

직원은 얼마 전 보험금을 신청했던 여성을 금방 떠올렸다. 워낙 거액이었던 터라 기억이 또렷했다.

"며칠 전에 아들 승준(5세) 군 명의로 지급했는데요. 부인 노민희(46세) 씨가 신청을 했어요."

직원의 말대로 노씨가 먼저 다녀간 뒤였다. 노씨는 남편이 죽자

마자 이곳을 포함해 보험사 세 곳에 보험금 수령을 신청했다. 9개 보험에서 총 보험금 5억 2500만 원이 지급됐다. 대상자는 두 사람 사이에서 태어난 당시 두 살배기 아들 승준군이었지만, 친권자로서 노씨는 입금된 보험금 중 4억 원을 인출해 갔다.

주원씨도 어느 정도 짐작은 했다. 어머니와 남동생이 불과 7개월 간격으로 세상을 떠났는데, 올케 노씨는 '전혀 슬픈 기색이 없었다'. 오히려 골드바를 사 모으고 명품 가방과 옷을 구입하는 데 돈을 흥청망청 썼다. 1년 반 전 남동생과 재혼한 직후부터 생명보험 여러 개에 가입한 행적도 의심스러웠다. '혹시나, 보험금을 노리고? 올케가?'

께름칙하기는 보험사 직원도 마찬가지였다. 주원씨가 떠나자마자 노씨가 가입한 보험 상품과 보험금 지급 내역을 꼼꼼히 들여다보았다.

"어? 사망 보험금을 받은 게, 이게 도대체 몇 개야?"

눈이 의심스러웠다. 2년 전인 2011년 5월 9일, 노씨의 첫 남편 김현중(45세) 씨가 사망했고, 김씨 명의로 가입됐던 생명보험 9개에서 총 보험금 4억 5000만 원이 지급된 사실이 기록돼 있었다. 돈은 모두 김씨와 노씨 사이에서 난 장남 정훈(25세)군의 명의로 지급됐고, 노씨가 친권자로서 찾아갔다. 흐름이 지금과 판박이였다.

"겨우 2년 만에 남편 둘이 죽고, 본인은 10억 원 가까운 보험금을 받아 챙긴 거잖아요. 그 돈으로 평소보다 훨씬 호화스러운 생활을 해왔다는 거고요. 예사롭게 볼 일이 아니었어요. 정말 보험금을 노린 범죄일 수 있겠다는 생각이 들었죠."

직원은 며칠 후 당시 경기지방경찰청 제2청 광역수사대 소속 이종훈(현 남양주북부경찰서 경위) 형사에게 전화를 걸었다. 주원씨에게 들은 얘기와 자신이 알아본 사실을 차근차근 얘기해갔다.

"아무래도 이 사람(노씨) 행적이 심상치 않습니다."

이형사와는 과거 보험 사기 사건으로 인연이 닿은 이래 말길을 트고 지내온 사이였다.

이형사는 등골이 섬뜩했다. '보험사 직원의 말이 사실이라면, 정말 보험금을 노린 살인이라면 범인이 여기서 멈출 리가 없다. 피해자가 더 생길 수도 있다.' 곧장 광역수사대장 심재훈 경정에게 달려갔다. 이형사는 "수사가 필요하다"는 말을 반복했다. 심경정도 '물증 0퍼센트'인 사건에 발을 담근다는 게 도박인 줄 알면서도 '심증 100퍼센트'로 달려드는 이형사의 의지를 꺾을 수는 없었다.

"이형사, 자신 있지?"

"믿어주세요. 끝까지 파보겠습니다."

조용하고 은밀한 내사가 시작됐다.

사건의 실타래는 쉽게 풀리지 않았다. 노씨의 첫 남편 등 세 사람의 사망 원인부터 파악하기로 했다. 기록상으로만 보자면 첫 남편 현중씨가 사망한 사건은 별다른 타살 혐의점이 발견되지 않아 변사(자살 의심)로 종결됐다. 두 번째 남편 덕진씨와 시어머니의 죽음은 병사로 처리되어 경찰에 신고조차 되지 않았다. 세 사람의 사망 처리 과정을 처음부터 다시 살펴봐야 했다.

기록을 살펴보던 중 현중씨 사건에서 눈에 띄는 점을 발견했다. 당시 방에서 500밀리리터짜리 음료수병이 나왔는데, 거기에 제초제 성분 '파라콰트paraquat'가 섞여 있었다. 새벽에 음료를 마시고 복통을 호소하다 병원으로 실려 갔지만 결국 사망했다.

가족들은 "사업 부진으로 생긴 스트레스로 자살한 것 같다"고 경찰에 진술했다. 가족들의 말에 경찰 수사는 더 진전되지 않았다. 실제 김씨는 당시 사업 자금으로 끌어다 쓴 사채 빚 7000만 원을 갚지 못해 힘들어하고 있었다.

이형사는 주원씨를 찾았다. 노씨의 첫 남편이 사망한 경위를 설명했다. '음독이 의심된다'는 얘기에 주원씨의 눈이 휘둥그레졌다. 그러곤 모친 홍씨가 사망하기 전 했다는 말을 조심스레 털어놨다. 평소 모친은 자양강장제를 즐겨 마셨는데, 죽기 반년 전쯤인 2012년 여름 냉장고에 있는 자양강장제를 마시다가 냄새가 역겨워 화장실 변기에 내뱉은 적이 있다는 얘기였다.

"구토를 하는데 색깔이 푸르스름하다고 했어요. 별일 아니라고 생각을 했는데, 그날 이후 건강이 급격히 나빠졌어요."

이형사는 곧장 압수수색 영장을 발부받아 덕진씨와 홍씨가 입원했던 의정부의 종합병원에서 진료 기록을 확보했다. 직접적인 사인은 두 사람 모두 '폐쇄 세기관지 기질화 폐렴BOOP· bronchiolitis obliterans organizing pneumonia'이었다. 그런데 둘을 진료했던 의사가 전한 말이 의미심장했다.

"농약 중독이 아닌지 의심한 적이 있습니다. 'BOOP'의 주요 원인이거든요. 그런데 부인(노씨)은 '농사 한 번 지어본 적 없는 집'이라며 '농약 중독은 절대 아니다'라고 잘라 말하더군요."

심증이 굳어져갔다. 노씨가 저지른 '농약 살인'이라는 생각이 머릿속을 떠나지 않았다.

노씨는 태평이었다. 경찰 수사망이 좁혀 오고 있다는 사실을 알 턱이 없었다. 평소 스노보드를 좋아하던 그녀는 덕진씨가 세상을 뜬 직후인 2013년 말부터 스키장 연간 회원권을 사들여 매일같이 스노보드를 즐겼다. 봄이 오면 2000만 원짜리 자전거를 타고 동호회원들과 전국을 누볐다. 옷과 가방 등 명품을 구입하는 데도 돈을 아끼지 않았다. 현금이 부족하다 싶으면 두 남편의 보험금으로 사뒀던 골드바를 팔았다. 노씨와 금을 거래한 적이 있는 포천 시내의 한 보석상은 떨어진 시세에도 아랑곳하지 않고 금을 현금으로 바꿔가는 그녀를 '성격이 쿨하고 돈 많은 사모님'으로 기억했다.

2014년 8월 이형사는 충남 천안으로 향했다. 덕진씨 모자의 진료 기록과 사망진단서가 손에 들려 있었다. 독극물 중독 치료 분야에서 세계적인 권위자로 알려진 홍세용 순천향대 의과대학 교수를 만나기 위해서였다. 기록을 본 홍교수의 답은 명료했다.

"제초제 파라콰트 성분 때문에 사망했을 가능성이 90퍼센트 이상 된다고 봅니다."

식물에 닿으면 곧바로 말라 죽을 정도로 강력한 독성을 지녀 2012년부터는 아예 시중 판매가 중단된 파라콰트. 아니나 다를까, 첫 남편 현중씨가 마신 음료에서 발견된 성분도 파라콰트였다.

"어머니의 무덤을 좀 파봤으면 합니다."

이형사는 주원씨를 만나 대뜸 제안했다.

"파라콰트 성분은 보통 시신 내에 오래 남아 있다고 합니다. 부검을 하면 어머니가 독극물로 사망했다는 걸 확실히 입증할 수 있어요."

숨진 세 명 가운데 홍씨를 제외한 둘은 이미 화장돼서 부검이 불가능했다. 다행히 가족이 동의했다. 주원씨가 처음 보험사를 찾은 뒤 1년 가까이 끈질기게 수사를 해온 이형사를 향한 믿음이었다. 분묘 발굴 전문가까지 동원해 무덤을 파낸 뒤, 국립과학수사연구원에 시신 부검을 의뢰했다. 한 달 반가량 만에 나온 부검 결과는 예상대로 '파라콰트 검출'이었다. 제초제에 의한 독살이었다.

'누가 제초제를 먹였는지' 밝혀낼 차례였다.

이듬해인 2015년 1월 말 보험사 직원에게서 결정적 제보가 들어왔다.

"형사님, 노씨가 이번엔 딸 입원비를 신청했어요."

노씨와 첫 남편 현중씨 사이에서 태어난 민지(22세)양이 6개월쯤 전부터 세 차례나 병원에 입원한 것이다.

"근데 병명이 뭐랍니까?"

"BOOP요. 폐질환 일종입니다."

추가 감정을 의뢰한 결과 민지양의 소변에서 어김없이 파라콰트가 검출됐다.

2월 28일 아침 7시, 단잠에서 깬 노씨가 자택에서 살인과 살인미수 혐의로 체포됐다. 냉장고 뒤에선 이웃 농가에서 얻었다는 파라콰트가 든 농약이, 장독대 뒤에선 그 농약이 섞인 밀가루 반죽이 발견됐다.

노씨는 범행을 순순히 털어놓았다. 첫 남편 현중씨를 살해할 때 사용한 음료수를 전 시어머니인 채숙희(95세) 씨에게도 먹이려 한 사실을 추가로 실토했다.

현중씨가 사업을 하다 진 빚 때문에 부동산이 압류될 위기에 처하자 수억 원대 부동산을 자신의 명의 앞으로 옮겨놓고 '기획 이혼'을 했다. 이후 부동산을 처분해 얻은 돈 일정액을 현중씨에게 넘겨주기로 했지만 약속을 지키지 않았다고 했다. 그녀는 "돈을 달라고 보채는 현중씨 모자가 보기 싫어 살해하기로 했다"고 진술했다. 채씨는 다행히 음료에서 이상한 냄새가 난다며 마시지 않아 화를 피할 수 있었다.

그리고 두 번째 남편인 덕진씨를 살해한 방법, 나중에는 첫 남편과의 사이에서 낳은 민지양을 살해하려 한 방법은 엽기적이기까지 했다. 살해한 이유는 순전히 돈, 보험금 때문이었다.

분묘 발굴 전문가들이 2014년 10월 경찰과 유족이 참관하는 가운데 경기 파주에 있는 홍유정 씨의 무덤을 파고 있다. 사진 남양주경찰서

"농약을 밀가루에 섞어 반죽을 만든 다음 그걸 말려 다시 빻았어요. 이렇게 '농약 가루'를 만들어서 김치찌개같이 짠 음식을 만들 때 조미료처럼 집어넣었어요. 남편이 시름시름 앓다가 결국 갔습니다."

민지양이 목숨을 건진 건 천운이었다.

재판에 넘겨진 노씨는 2016년 6월 항소심에서 무기징역 형을 받았다. 검찰은 노씨에게 법정 최고형인 사형을 구형했다.

"다행히 살아남은 딸(민지양)이 '엄마를 용서한다'고 탄원서를 냈다고 하더라고요. 자기를 죽이려 한 엄마인데 말이죠."

이형사가 말했다. 노씨는 이후 상고를 포기하고 무기징역 형을 받아들였다.

피의자 노민희 씨 가계도(이름은 모두 가명)

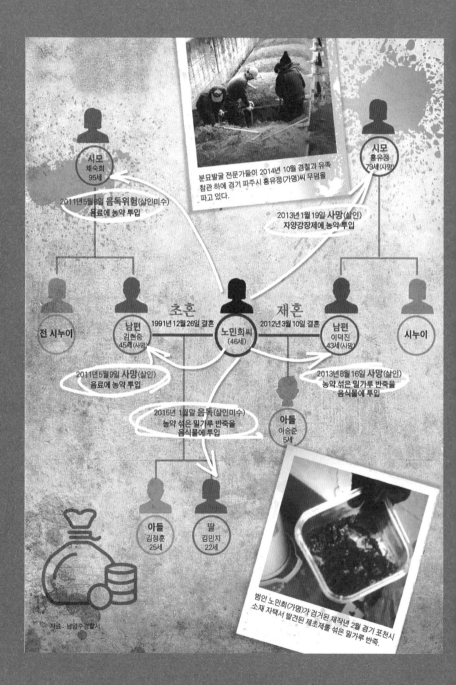

분묘발굴 전문가들이 2014년 10월 경찰과 유족 참관 하에 경기 파주시 홍유정(가명)씨 무덤을 파고 있다.

시모
채숙희
95세

2011년 5월 6일 음독위험(살인미수)
음료에 농약 투입

시모
홍유정
79세(사망)

2013년 1월 19일 사망(살인)
자양강장제에 농약 투입

전 시누이

남편
김현중
45세(사망)

초혼
1991년 12월 26일 결혼

노민희씨
(46세)

재혼
2012년 3월 10일 결혼

남편
이덕진
43세(사망)

시누이

2011년 5월 9일 사망(살인)
음료에 농약 투입

2013년 8월 16일 사망(살인)
농약 섞은 밀가루 반죽을
음식물에 투입

2015년 1월말 음독(살인미수)
농약 섞은 밀가루 반죽을
음식물에 투입

아들
이승준
5세

아들
김정훈
25세

딸
김민지
22세

범인 노민희(가명)가 검거된 재작년 2월 경기 포천시 소재 자택서 발견된 제초제를 섞은 밀가루 반죽.

자료 : 남양주경찰서

노씨 범행 행적 _____

2011년 5월 8일 시어머니인 채씨가 마시는 음료수에 농약을 넣지만, 채씨가 음료에서 이상한 냄새가 난다며 마시지 않아 화를 피한다.

2011년 5월 9일 첫 남편 김씨가 사망한다. 방에서 음료수병이 나오고 거기서 제초제 성분 '파라콰트'가 섞여 있는 것이 발견되지만, 수사는 더 이상 진행되지 않는다.

2012년 여름 시어머니 홍씨가 냉장고에 있는 자양강장제를 마시다가 냄새가 역겨워 화장실 변기에 내뱉는다. 그날 이후 건강이 부쩍 나빠진다.

2013년 1월 19일 홍씨가 사망한다.

2013년 8월 16일 두 번째 남편 이씨가 사망한다. 나중에 노씨가 농약 섞은 밀가루 반죽을 음식에 넣은 사실이 밝혀진다.

2015년 1월 말 보험사 직원에게서 노씨가 딸 입원비를 신청했다는 제보가 들어온다. 추가 감정을 한 결과, 딸의 소변에서도 파라콰트가 발견된다.

2015년 2월 28일 노씨가 자택에서 체포된다. 냉장고 뒤에선 파라콰트가 든 농약이, 장독대 뒤에선 그 농약이 섞인 밀가루 반죽이 발견된다. 노씨는 '농약 가루'를 만들어서 음식을 만들 때 조미료처럼 넣었다고 자백한다.

_____

음독 사건

농약 콩나물밥, 농약 소주… 음독 사건에 미제 많아

'포천 농약 살인 사건'은 피해자 유족의 의심, 보험사의 적극적인 제보, 경찰의 집념, 전문가의 분석까지 네 박자가 잘 맞아떨어졌기에 해결할 수 있었다. 사건 해결을 주도한 이종훈 경위조차 "이 네 요소 가운데 하나라도 빠졌다면 사건의 진실을 밝히기 어려웠을 것"이라고 토로할 정도다.

실제 최근 수년 동안 발생한 농약 음독 사건 중엔 아직 풀리지 않은 미제가 유독 많다. 지난 2013년 2월 충북 보은의 한 음식점에서 콩나물밥을 먹은 노인 6명이 구토와 호흡 곤란 증세를 보이다 정 모(72세) 씨가 사망한 '충북 보은 농약 콩나물밥 사건'이 대

2015년 2월 경기 포천 소재 자택에서 범인 노민희가 검거된 뒤 발견된 제초제를 섞은 밀가루 반죽. 사진 남양주경찰서

표적이다.

당시 콩나물밥에 들어간 양념간장에선 맹독성 살충제 '메소밀 methomyl'이 검출됐지만, 조리에 관여한 식당 주인과 종업원 모두 양념간장 자체를 조리하지 않았다고 했다. 다른 반찬과 콩나물밥에선 나오지 않은 것을 보면 누군가가 몰래 양념간장에 농약을 탔을 가능성이 컸다. 경찰은 식재료 유통 과정을 역학 조사하는 등 꼼꼼히 수사했지만 결국 농약이 들어간 경위를 밝히지 못하고 미제 사건으로 처리했다. 2014년 제주 서귀포의 한 노인정에서 70대 노인이 농약이 든 소주를 마시고 중태에 빠진 사건 역시 미제로 남아 있다.

음독 사건은 용의자를 잡더라도 유죄를 입증하기가 어렵다.

2015년 경북 상주 공성면 금계1리 마을회관에서 할머니 6명이 농약 섞인 사이다를 나눠 마신 뒤 2명이 숨진 '상주 농약 사이다 사건'의 경우, 유력 용의자인 박 모(84세) 씨가 검거된 이후에도 수사는 난항을 거듭했다. 시종일관 범행을 완강히 부인하는 데다 범행에 쓰인 사이다병과 살충제가 담긴 자양강장제병에서 박씨의 지문이 발견되지 않고 마을회관에 폐쇄회로 TV가 없는 등 결정적 증거가 나오지 않아서다. 2016년 8월 대법원에서 무기징역이 확정되기는 했지만, 유죄가 인정된 데는 "박씨가 평소 화투를 치면서 피해자들과 다툼이나 갈등이 있었고, 평소 억눌렸던 분노가 표출돼 범행을 저질렀다"는 정황증거가 주요 근거가 됐다.

독극물 중독 치료 분야 전문가인 홍세용 순천향대 의과대학 교수도 음독 사건의 난제를 언급했다.

"농약 중독은 의료계에서조차 발병 원인과 과정을 명확히 파악하기 어려운 질병으로 꼽힌다. 그런 만큼 수사기관에서도 사건 초기부터 약물 연구진 등 외부 전문가에 적극적인 협조를 구하고 있다."

20

전주 일가족 연탄가스 살해 사건

연탄가스에 혼자 살아남은 동생은
"형이 그랬다"지목했지만

"숨을 쉬기가 어려워요. 살려주세요!"

119에 구조 요청이 들어왔다. 2013년 1월 30일 오전 11시 40분, 콩나물공장을 운영하는 퇴역 군인 박 모(51세) 씨와 부인 황 모(54) 씨, 큰아들(26)과 작은아들(24) 일가족이 일산화탄소에 중독돼 쓰러졌다.

가까스로 깨어난 작은아들이 힘겹게 전화기를 들었다. 유일한 생존자였다.

전주 송천동의 아파트 3층, 현관문을 연 소방대원들을 맞이한 건 매캐한 냄새였다. 59.5제곱미터 남짓한 집 안에선 연기가 조금 눈에 띄었다. 작은아들은 거실 바닥에 누워, 떨고 있었다. 작은방에선 서랍형 옷장 위에서 아직 불길이 남아 있는 연탄 화덕이 발견됐다. 박씨는 바닥에, 아내 황씨는 침대에 이불을 덮고 누워 있었다. 숨은 끊어져 있었다.

큰아들은 큰방에서 발견됐다. 엎드린 채 머리는 창문 쪽을 향하고 있었다. 어느 순간 '고통에 꿈틀거린 듯한 모습'이었다. 그리고 작은방에서 나온 것과 같은 연탄 화덕이 옷걸이 뒤편 구석에서 나왔다. 주방에선 마시다 만 우유가 든 컵, 정체 모를 흰색 가루가 든 약통이 보였다. 가스레인지 위에는 번개탄 빈 봉지와 타고 남은 가루가 흩어져 있었다.

"뻔하네, 뻔해. 일가족 동반 자살(가족 살해 후 자살)이네."

누군가 중얼거렸고 아무도 거기에 이견을 달지 않았다.

현장에 출동한 김재구 전주덕진경찰서 강력2팀장은 아파트 복도로 나와 화덕을 골똘히 쳐다봤다. 소방대원들이 안방과 작은방에 있던 화덕을 현관문 밖으로 빼놓았다. 작은방의 화덕보다 큰방의 것에 연탄의 검은 부분이 훨씬 많이 남아 있었다. 탈 것이 더 많으니 불길도 더 뜨겁고 셀 수밖에 없었다.

"이상하네, 이상해."

김팀장이 고개를 갸웃거렸다. 동반 자살이라면 두 화덕 연탄의 연소 시간이 그렇게 차이가 날 이유가 없었다.

"누군가 우선 한쪽 화덕에 불을 붙인 다음 나중에 다른 화덕에 불을 붙였다는 건데…."

큰방 화덕이 '군이 숨겨 놓은 듯' 옷걸이 뒤편에서 발견된 것도 마음에 걸렸다. 더구나 동반 자살이라면 굳이 각자 방에서 화덕 두 개로 나눠 불을 지필 필요도 없었다. 동반 자살이 아닐 가능성이 높아 보였다.

그렇다면 누가 연탄을 태웠을까.

'혹시나 연탄 가루가 몸에 묻은 사람이 있다면 그 사람이 아닐까?' 김팀장은 팀원들과 함께 병원 영안실에서 사망자들을 살펴봤다. 검시 결과도 다시 한 번 꼼꼼히 확인했다.

부모의 몸에는 연탄 가루가 묻어 있지 않았다. 저항을 한 흔적도 나오지 않았다. 몸 뒤쪽에선 피가 뭉친 선홍색 '시체 얼룩'이 선명히 보였고, 위장에선 소화가 덜 된 밥 알갱이가 검출됐다. 현철호 전북지방경찰청 과학수사계 검시팀장은 이렇게 분석했다.

"선홍빛 시반은 일산화탄소에 중독돼 사망한 경우에 흔히 나타난다. 음식물이 덜 소화된 것으로 봐서는 식사를 마친 후 오래지 않아 사망한 것으로 판단된다."

큰아들 시신의 모습은 부모의 것과 조금 달랐다. 시반이 선명하기는 마찬가지였지만 사후경직은 시신을 옆으로 돌릴 때 머리와 다리가 뻣뻣이 들릴 정도로 심했던 부모와 달리 거의 진행되지 않은 상태였다. 등 부분을 손으로 누를 때 시반 위로 손 모양이 뚜렷이 나타나는 '퇴색' 현상이 나온 것도 특이했다.

"아직 피가 마저 굳지 않았다는 뜻이다. 사후경직과 시반 퇴색 정도로 판단해볼 때 부모가 큰아들보다 적어도 몇 시간 전에는 사망한 것으로 보인다."

현팀장이 설명했다. 결국 부모가 연탄에 불을 피웠을 가능성은 낮다는 얘기였다. 불을 피운 이는 큰아들 아니면 작은아들, 둘 중 하나였다.

느닷없이 작은아들이 형을 지목했다. 병원 응급실을 찾은 경찰에게 형이 범인 같다는 진술을 한 것이다.

"형이 불러서 밖에 나가 맥주를 한잔하고, 새벽 4시 30분쯤 함께 집에 들어왔습니다. 그리고 새벽 5시쯤 형이 컵에 우유를 따라 줬는데, 그걸 마시고 곧바로 쓰러져 잠들었어요."

그러곤 의미심장한 말 한마디를 덧붙였다.

"최근에 형이 음식점을 열었는데, 장사가 안 돼 '죽고 싶다'는 말을 자주 했습니다."

가족 속사정을 누구보다 잘 아는 이, 사건 전후를 겪고 목격한 유일한 생존자의 입에서 나온 진술이었다. 수사팀이 술렁였다.

진술을 뒷받침하는 단서도 연달아 발견됐다. 집 근처에 주차된 큰아들 소유의 그랜저 차량을 살펴봤더니 뒷좌석에서 귤 박스가 나왔다. 그 안에는 연탄과 번개탄이 하나씩 들어 있었다. 뒷좌석 아래선 연탄집게가, 박스 옆엔 뜨거운 화덕을 안에 넣고 옮겼는지 안쪽 여기저기가 타고 녹은 검은 가방이 떨어져 있었다.

"작은아들의 말이 맞나 본데?"

그뿐 아니었다. 큰아들은 사건 당일 아침 6시 30분쯤 친구들에게 '자살하니 잘 살아라'는 문자메시지를 보냈다. 여자 친구에게 보낸 '행복하고 사랑해요'라는 카카오톡 메시지도 확인됐다. 큰방 옷걸이에 걸려 있던 녹색 점퍼의 주머니 안에선 번개탄 가루가 나왔다. 오른쪽 손목 부분에서도 연탄을 옮기다가 묻었으리라 추정되는 연탄 가루가 검출됐다.

'사업에 실패한 장남이 앞날을 비관해 부모와 동생을 살해하고 자살했다'는 추정에 점차 힘이 실리고 있었다.

하지만 수사팀은 쉽게 큰아들이 범인이라고 단정 짓지 않았다. 큰아들을 범인이라고 하면 좀처럼 풀리지 않는 의문이 생기기 때문이다. 먼저 범행 추정 시점. 작은아들의 말대로 전날 오전 집에서 나간 큰아들이 새벽 4시 30분 집에 들어왔다면 범행을 저지른 것은 물리적으로 그 후에나 가능하다. "식사를 마친 뒤 오래지 않아 사망했다"는 검시 결과와는 앞뒤가 맞지 않는다.

무엇보다 큰아들은 여자 친구와 결혼 준비를 한창 하고 있었다는 주변 사람의 진술이 나왔다. 결혼 준비를 하던 사람이 별안간 가족을 죽이고 스스로 목숨을 끊었다고?

또 아버지 박씨가 오전 2시 11분 콩나물공장 직원에게 '오늘 안 나와도 된다'고 문자메시지를 보낸 것으로 확인됐는데, 그 새벽 시간에 문자메시지를 보낸 것 자체가 영 자연스럽지 않았다.

"혹시 작은아들이 형에게 누명을 씌우는 것 아냐?"

수사팀 내부에서 의문이 강하게 제기됐다.

증거는 큰아들을, 심증은 작은아들을 지목하고 있었다. 심증을 굳히기 위해선 좀 더 구체적인 증거가 필요했다. 경찰은 장례식장에서 상주 노릇을 하던 작은아들에게 발인을 마치는 대로 본인의 차량을 가져오라고 요청했다. 2월 2일 오후, 작은아들이 몰고 온 산타페 차량을 보는 순간 심증은 확신으로 바뀌었다.

"차가 지나치게 깨끗하더라고요. 세차를 한 지 얼마 안 돼 보였어요. 안 그래도 장례 치르느라 정신없었을 텐데, 세차까지 하다니. 증거를 인멸하려 그랬다는 생각밖에 안 들더군요."

과학수사대 요원들이 차량을 샅샅이 확인한 지 1시간, 차량 내 비치된 슬리퍼의 아래쪽과 뒷좌석 바닥에서 연탄 가루가 발견됐다. 여기에 "형이 우유를 따라 줬다"는 진술도 거짓인 것으로 드러났다. 싱크대에 놓여 있던 우유팩에서 검출된 지문도 큰아들이 아니라 작은아들의 것으로 밝혀졌다. 또 "작은아들이 스스로 부모를 죽였다고 말했다"는 주변 인물의 진술이 나왔다.

2월 3일 오전 2시 5분 경찰은 콩나물공장 2층에서 자고 있던 작은아들을 긴급 체포했다. 그는 경찰에서 범행 전모를 털어놨다.

작은아들은 평소 가정불화와 군인 출신 아버지의 폭력과 차별 행위에 증오심을 품었다고 했다. 연탄가스 중독에 의한 동반 자살로 위장해 가족 모두를 살해할 것을 마음먹고 한 달 전부터 연탄 화덕, 번개탄, 연탄 등 범행 도구를 하나씩 준비했다. 친구 명의로 세 차례에 걸쳐 수면제도 처방받아서 음료수나 우유에 타 가족에게 먹일 준비를 하고, 투룸을 임시로 빌려 옥상에서 연탄을 태우는 예행연습도 거쳤다. 새를 대상으로 연탄가스가 얼마나 유독한지 실험을 했고, 연탄을 구입하는 경로와 화덕 사용법을 인터넷에서 찾아보며 철저히 공부했다.

증거를 조작하고 은폐하는 연기 또한 그럴싸했다. 형의 그랜저 차량에 연탄과 번개탄, 검은색 배낭, 연탄집게를 옮겨놓은 이도 그였다. 형의 점퍼와 바지, 운동화까지 챙겨 입고 나가 연탄을 묻히는 식으로 증거를 조작해나갔다. 죽다 살아난 것처럼 119에 신고하고, 상주가 돼서 자신이 살해한 부모의 삼일장을 치르며 조문객들을 맞이한 행동은 웬만한 사람은 하기 어려운 일이었다.

경찰이 경악한 건, 범행에 앞서 두 차례 살인 시도가 더 있었다는 점이었다. 범행 3주여 전 공구 상가에서 빌린 전동드릴로 부모가 자고 있는 작은방의 벽을 뚫어 가스를 주입하려 했다가 실패했다. 다음 날 밤에는 가스보일러 연통을 작은방에 연결한 다음 가스를 넣었는데, 부모가 머리가 아프다며 잠에서 깨어나 119에 신고하는 바람에 허탕을 쳤다.

사건은 풀렸지만, 작은아들은 '왜 그랬는지'라는 질문에는 답하지 않았다. 10억 원 상당의 부동산 자산이 남겨지고 수십 억대 보험금을 수령할 수 있다는 사실이 드러나면서 '금전적 동기'가 아니냐는 분석이 나왔다. 하지만 경찰 조사에 따르면 작은아들은 수령 가능한 보험금을 조회한 적 자체가 없었다.

패륜적이고 잔혹한 면모 때문에 '사이코패스'일 수 있다는 가능성이 제기됐지만, 사이코패스 진단 검사PCL-R·psychopathy

작은아들이 범행에 사용한 연탄 화덕. 위의 화덕이 형을 죽일 때 사용한 것으로, 아래에 비해 훨씬 뜨거운 불길이 남아 있었다. 연탄 위에 놓인 것은 가스레인지에서 발화한 것으로 추정하는 번개탄의 가루다. 사진 전주덕진경찰서

checklist-revised로 측정한 결과 40점 만점에 12점을 받았을 뿐이다. 보통 24점 이상인 경우에만 사이코패스로 판정한다.

성장 과정에서 축적된 심리적 문제에서 유발됐다는 게 그나마 그럴 듯한 범행 이유로 꼽혔다. 사건을 검토한 전북지방경찰청 프로파일러의 다음 분석은 결론에 가깝다.

"보통 원한에 의한 증오 범죄는 즉흥적으로 일어나는 게 보통

작은아들이 연탄가스의 유독성을 실험하기 위해 범행에 앞서 구입한 새.
정작 일가족 세 명이 살해되는 중에도 살아남았다. 사진 전주덕진경찰서

인데, 이 사건은 긴 시간 치밀히 준비해 완전범죄를 노린 특이한
사례. 범인의 내향적인 성향과 군인 출신인 엄격한 아버지에 대
한 강박적 사고가 영향을 미쳤다."

경찰은 작은아들을 존속살해와 살해미수, 증거인멸 교사 혐의
로 구속해 재판에 넘겼다. 1심과 항소심은 연이어 모든 혐의를 유
죄로 인정해 일가족 셋을 살해한 작은아들에게 무기징역을 선고
했다. 2013년 12월 대법원은 무기징역 형을 확정했다.

일가족이 가스 중독으로 쓰러진 현장

주방 싱크대 좌측에서 발견된 수면제 가루를 탄 우유.

보일러

과거 구멍을 뚫음

싱크대

주방

냉장고

화장실

수면제 약통

화덕

작은방

어머니(54)

장롱

큰방

형(26)

아버지(51)

범인(24·생존)

화덕

TV

거실

현관

베란다

박모씨 부부가 쓰러진 작은방 옷장 위에서 발견된 연탄 화덕.

전주 덕진경찰서 제공

범인 행적 _____

2013년 1월 6일 오후 6시 1차 살해 시도. 전동드릴로 부모 방의 벽을 뚫어 가스를 주입하려다 실패한다.

1월 7일 밤 11시 2차 시도. 가스보일러 연통을 부모 방에 연결하지만, 부모가 잠에서 깨어나 119에 신고하는 바람에 허탕을 친다.

1월 20일부터 29일까지 화덕 두 개, 번개탄 열 장, 연탄 스무 장, 수면제 45알을 구입해, 동반 자살로 위장한 살해 계획을 모의 실험한다.

1월 30일 오전 0시 10분 부모에게 수면제를 섞은 음료수를 먹인 뒤 방에 연탄 화덕을 놓아 살해한다.

같은 날 새벽 5시 형과 수면제를 섞은 우유를 나눠 마신 후, 마찬가지로 형을 연탄가스로 살해한다.

같은 날 아침 6시 20분 자신은 자살하려다 포기하고, 형의 차에 연탄과 번개탄 등 범행에 쓴 물건을 넣어둔다. 그리고 형의 지인들에게 문자메시지를 발송해 형이 자살한 것처럼 위장한다.

같은 날 오전 11시 38분 "숨을 쉴 수가 없다"며 119에 신고한다.

2월 3일 오전 2시 5분 경찰이 콩나물공장 2층에서 자고 있던 범인 박씨를 긴급 체포한다.

_____

존속 범죄

증오에서 출발해 철저한 계획범죄로 발전,
"비틀린 가족주의가 문제"

한국 사회에서 부모를 상대로 벌어지는 범죄는 '천륜을 저버린 행위'로 지탄받는다. 경찰청에 따르면 2021년 집계된 살인 사건 총 692건 중 존속살해는 52건으로 나타났다. 전체 살인 사건의 7.5퍼센트가 직계 존속을 상대로 일어난 셈이다. 2022년엔 존속살해가 51건으로 전체 살인 범죄 중 비중이 6.9퍼센트였다. 1~3퍼센트 수준인 영미 선진국에 비해 상대적으로 높은 편이다. 존속 폭행 및 상해까지 포함한 존속 범죄는 2021년 3468건으로 급증하고 있다.

배상훈 우석대 경찰행정학과 교수는 이를 "가족이 너무 가까이 있기 때문"이라고 풀이했다. "가치관이 다른 성인들이 모여 살다 보면 '가족 스트레스'가 높아져 갈등과 폭력이 유발될 수밖에 없다"는 것. 배교수는 또 존속 범죄율 증가의 원인 중 하나로 뿌리 깊은 상속 제도를 꼽았다. "부모가 자식에게 유산을 줘야 한다는 식의 상속 제도가 '부모 돈은 내 돈'이라는 생각을 낳아 존속 살해를 부추긴다."

그런데 그런 생각의 심층에는 열등감이 작용하고 있다고 배교수는 설명한다. "특히 가족 대상 범죄는 표면적으로는 재산 문제에서 발단한 것처럼 보일지라도 그 안엔 주도권을 둘러싼 갈등과 스트레스, 열패감이 자리하고 있다."

존속살해는 금전적 문제가 결정적 계기가 된다기보다, 자식이 사회적으로 실패한 뒤 부모에게 의존하는 과정에서 열등감을 느끼고 차별을 받아 폭발하는 경우가 많다는 분석이다. 실제로 '전주 일가족 연탄가스 살인 사건'의 범인은 아버지가 자신을 차별한 것에 불만이 컸다고 한다.

작은아들은 경찰 조사에서 "(2012년) 12월 중순 아버지를 죽이고 싶은 마음이 처음 들었다. 콩나물공장에서 일하던 중 직원들이 보는 앞에서 아버지한테 심한 질책을 들었다. 공을 차러 가는 길에 또다시 모욕적인 말을 들었다. 어머니는 아버지와 심하게 다투고 나면 '죽고 싶다'는 말을 했다. 그런 어머니가 사람처럼 사는 것으로 보이지 않았다. 처음엔 형까지 포함할 생각은 없었지만 이럴 바엔 가족 모두가 죽는 게 낫겠다 싶었다. 최근 들어 형보다 내가 대우받지 못한다는 생각이 들어 결국 살해하게 됐다"
고 자백했다.

분노를 참지 못해 우발적으로 범행하는 경우도 여전히 많다.
2000년 '이은석 부모 살해 사건'이나 2017년 2월 '인천 계양구 부
모 살해' 사건이 대표적이다. 반면 증오에서 출발하더라도 즉각
터지지 않고 철저한 계획범죄로 발전하는 경우도 간혹 있다. 전
주 사건을 검토한 전북지방경찰청 프로파일러는 범인을 그 유형
에 넣었다.

"전주 사건은 아버지에 대한 적개심에서 출발했지만, 강박적
사고를 가진 범인은 한 달 넘게 준비하고 세 차례 시도하는 등 매
우 치밀한 모습을 보였다."

프로파일러는 더 나아가 가족주의의 폐해도 꼬집었다. "'내가
뿌린 씨앗, 내가 모두 거둬 가겠다'는 식의 비틀린 가족주의도 지
적할 수 있다." 가족을 성원들끼리 떼어낼 수 없는 하나의 집단
으로 여기다 보니 '이 사회에서 버려지면 어떡하나'라는 걱정이
깊어지고 결국 '가족 살해 후 자살'이라는 길을 택한다는 것이다.

** **이은석 부모 살해 사건**: 2000년 5월 21일 새벽 경기 과천 별양동 집에서 둘째 아들
  이은석은 부모를 토막 살해한 후 집 근처 중앙공원 쓰레기통에 내다 버렸다. 경찰
  조사에서 "모욕과 멸시를 하고, 형제 간 차별을 하는 부모를 내 인생의 방해자라고
  생각해 범행했다"고 털어놨다

21

대전 판암동 밀실 살인 사건

죽은 사람, 쓰러진 사람, 신고한 사람…
밀실의 세 남자 중 범인은?

"한 명은 죽은 것 같고, 다른 한 명은 살아 있기는 한데… 어쨌든 빨리 와주세요."

2012년 4월 4일 오전 1시 21분, 대전 동구 판암파출소로 전화가 걸려 왔다. 누군가는 죽고 또 누군가는 생명이 위급해 보인다는 신고였다. 죽은 이는 다름 아닌 살아 있는 사람에게 살해된 것일 수도 있었다. 또 다른 피해자가 더 나올 수 있다는 얘기였다. 신고자가 위험해질 수도 있었다.

경찰이 판암동의 복도형 아파트 2층에 도착해보니 현장은 말 그대로 아수라장이었다. 현관문에서 안방이 정면으로 보이는데, 방 안에 들어서면 두 사람의 처참한 모습이 눈에 들어온다. 왼쪽

벽 쪽에 집주인 김 모(58세) 씨가 쓰러져 있었다. 숨을 쉬지 않았다. 그 옆에 이웃 주민인 임 모(53세) 씨가 누워 있었다. 의식은 없지만 숨은 간신히 붙어 있었다.

한바탕 술판이 벌어진 듯 방 안 여기저기 소주와 막걸리병이 나뒹굴고 있었다. 안주 삼아 끓여 먹었을 라면의 봉지, 먹다 남은 딸기가 담긴 스티로폼 박스. 그 사이사이로 보이는 바닥은 온통 피범벅이었다. 김씨가 누워 있는 요 위에도 피가 흥건했고, 벽면과 베란다로 향하는 창문 곳곳에 핏방울이 튀어 있었다.

신고자 이 모(52세) 씨는 현관과 안방 사이, 주방 겸 거실로 쓰는 공간에 턱을 괴고 앉아 있었다. 방 안의 두 사람과는 절친한 이웃이라고 자신을 소개했다. 평소에도 함께 도박을 하며 시간을 보낼 때가 많았다고 했다. 경찰이 어떻게 된 일인지 묻자, 이씨는 태연한 표정으로 친구들이 쓰러져 있는 안방을 응시하다 천천히 입을 열었다.

"술을 같이 먹다 전 조금 전 집에 다녀왔는데, 와보니 이렇게 돼 있었어요."

자기가 자리를 비운 사이에 둘 사이에 싸움이 벌어진 것 같기는 한데, 본인으로선 무슨 일이 벌어졌는지 알 수 없다는 뜻이었다.

경찰은 주변 사람들부터 탐문해나갔다. 이 정도 참혹한 현장이라면 분명 다투는 소리를 이웃에서 들었을 가능성이 높았다. 예상대로 옆집 주민에게서 증언이 나왔다.

"드라마를 막 보려고 하는데, (김씨 집에서) '악' 하는 소리가 들리더라고요."

그가 보는 드라마의 방영 시간은 평일 밤 10시였다.

아파트 내부 폐쇄회로 TV를 살펴보니 셋이 함께 김씨 집으로 들어가는 모습이 찍혀 있었다. 저녁 8시 34분이었다. 2시간쯤 지난 밤 10시 24분, 이씨가 다시 폐쇄회로 TV 화면에 등장했다. 김씨 집에서 혼자 나오는 모습이었다. 들어갈 때 머리에 썼던 흰색 모자가 이때는 보이지 않았다.

"잠깐, 시간이 안 맞잖아."

수사팀 중 누군가가 앞뒤가 안 맞는 시간을 꼬집었다. 이웃의 증언에 따르면 사건이 벌어진 시간은 오후 10시쯤이다. 폐쇄회로 TV 영상으로 확인한바 이씨가 김씨 집, 즉 사건 현장에 있었던 때는 저녁 8시 34분에서 밤 10시 24분 사이가 된다. 그런데 이씨는 "집에 다녀왔더니 난장판이 돼 있었다"고 말하지 않았는가. 수사팀이 보기에 이씨의 진술은 거짓임이 틀림없었다.

폐쇄회로 TV엔 그것 말고도 이씨가 보인 수상한 행적이 여럿 찍혀 있었다. 김씨 집에서 밤늦게 나간 이씨는 다음 날, 즉 사건 신고 20여 분 전에 다시 김씨 집으로 돌아왔다. 나갈 때는 검은색 점퍼 차림이었는데, 다시 돌아올 땐 붉은색 점퍼로 바뀌어 있었다. 머리엔 검은색 모자를 새로 쓰고 있었다.

5분 뒤 이씨가 김씨 집에서 또다시 나왔다. 손에 애초 썼던 흰색 모자를 들고 있었다. 그런데 모자는 피범벅이 돼 있었다. 이씨는 1층으로 내려가 현관 앞 의류 수거함에 모자를 버리고 아무 일 없다는 듯 다시 김씨 집으로 들어갔다.

마침 의식을 잃었던 임씨가 깨어났다. 사건 현장을 목격한 이로서, 그리고 어쩌면 피해자로서 결정적 증언을 해줄 거라고 믿었지만, 기대는 산산조각이 났다.

"기억이 전혀 나지 않습니다. 정말입니다. 기억이 안 납니다."

4월 3일 오후 6시쯤이 임씨가 기억하는 마지막 순간이었다. 평소처럼 이씨와 함께 김씨 집에 놀러 가 술을 마신 것까지는 기억나지만, 자신이 왜 다쳤는지, 어떻게 의식을 잃고 병원에 누워 있게 됐는지 전혀 모르겠다고 했다.

범행 도구는 어렵지 않게 밝혀졌다. 길이 30센티미터, 무게 585그램짜리 라체트 절단기(쇠파이프나 케이블을 자르는 데 사용하는 공구 일종)가 현장에서 발견됐다. 숨진 김씨는 그것으로 머리와 어깨 부분을 80차례 이상 두드려 맞고, 임씨 역시 머리 등 신체 여러 곳을 10차례 이상 맞고 의식을 잃은 것으로 분석됐다.

이씨는 범행을 부인했다. 당일 입은 옷에서 피해자들의 핏자국이 나왔지만, 이씨는 "둘이 싸우는 걸 보고 말리다가 묻은 것 같고, 사실은 말리던 중에 화가 나서 (둘을) 몇 대 때리기도 했다"고 했다. 모자를 버리는 장면이 찍힌 폐쇄회로 TV 영상을 보고는 "더러워서 버렸을 뿐이고 별다른 이유가 없다"고 완강히 버텼다.

난관에 부딪친 것이다. 외부 시선이 차단된 가정집 안에 세 명이 있었는데 그중 한 명은 죽고, 또 한 명은 기억을 잃었다. 나머지 한 명은 '나는 모르는 일'이라고 잡아뗐다. 현장을 본 사람은 그들 말고는 아무도 없었다.

혈흔 형태 분석 전문 수사관인 대전지방경찰청 과학수사계 허강진 경사가 수사에 투입됐다. 국립과학수사연구원 서영일 연구관과 경남지방경찰청 손부남까지 합류해 수사관 세 명이 한 팀을 이뤘다. 혈흔으로 사건을 처음부터 재구성해보기로 한 것이다.

피범벅이 된 방 안에서 남아 있는 핏방울 수천 개를 분석하는 데 꼬박 넉 달이 걸렸다. '제 아무리 똑똑한 범인이라도 과학을 이길 수는 없다'고 분석팀은 확신했다.

발견될 당시 김씨는 왼쪽 벽면 아래에 접한 요 위에 누운 채 숨져 있었다. 머리가 향하고 있는 안쪽 벽면 부근에선 충격 비산 혈흔(상처가 나 혈액이 고인 부분에 충격이 가해질 때 흩뿌려지게 되는 피의 흔적)과 휘두름 이탈 혈흔(원심력과 관성 법칙에 따라 피 묻은 도구에서 피가 이탈되며 생기는 혈흔) 등이 다수 발견됐다. 그리고 혈흔은 벽면 전체를 뒤덮고 있었다. 왼쪽 벽에 서 있다 흉기에 맞았고, 주저앉아 있을 때도, 이불 위에 쓰러진 뒤에도 지속적으로 맞아야 가능한 범위까지 혈흔이 흩뿌려져 있었다. 패턴도 왼쪽 벽 위에서 시작돼 점점 방바닥에 가깝게 내려와 뿌려지는 형태였다.

반면 방 중앙부 바닥에서 발견된 임씨는 혈액이 출입문 쪽 벽면 부근에서 집중 발견됐다. 혈흔의 모습대로라면, 그는 문 앞에서 처음 타격을 입었을 공산이 컸다.

이씨 말대로 둘은 정말 서로 싸우다 죽었을까. 이 부분도 살펴볼 필요가 있었다. 우선 누가 먼저 맞았는지를 밝혀내는 게 중요했다. 핏자국은 임씨를 향한 공격이 김씨에 대한 공격보다 먼저 이뤄졌다고 말하고 있었다. 요가 반듯이 놓인 상태에서 임씨 피가 주변에 먼저 떨어진 뒤 이후 요 위치가 바뀌며 임씨 혈흔을 덮었고, 그 위로 김씨 피가 떨어진 것이다.

또 임씨 피는 이불 아랫단을 넓게 적시고 있었다. 이는 여기서 어느 정도 움직임 없이 머물러 있었다는 걸, 이불에 혈액이 스며드는 시간 동안 움직임이 없었다는 걸 뜻했다. 그렇다면 상식적으로 10차례 이상 둔기로 가격당해 이불 위로 쓰러진 임씨가 김씨를 공격하는 게 가능할까. 당시 국립과학수사연구원 부검의는 그런 가정을 부정했다.

"생수병보다 좀 더 무거운 라체트 절단기를 휘둘러 (김씨) 머리뼈를 함몰시켰다는 건 상당히 강한 힘으로 반복해 가격했다는 건데, 의식을 잃을 정도로 피를 흘리고 있던 임씨가 그렇게 했다는 건 법의학상 말이 되지 않는다."

이씨의 말대로 두 사람이 싸우다 벌어진 참사였다면, 발가락 사이나 발 테두리에서 피가 관찰돼야 했다. 하지만 둘의 발바닥은 지나치게 깨끗했다. 방 안은 둘이 흘린 피로 범벅이 됐는데, 두 사람의 옷에서 서로의 혈흔이 거의 발견되지 않았던 점도 이상했다. 두 사람이 접촉했을 가능성이 희박하다는 뜻으로 받아들일 수밖에 없었다.

또 발견될 당시 김씨의 몸 아래쪽엔 발바닥 모양의 형태 전이 혈흔(혈액이 묻은 물체에 의해 생성된 혈흔)이 묻어 있었다. 누군가 문 쪽에 의식을 잃고 쓰러져 있는 임씨를 방 한가운데로 옮겼다는 뜻이다.

"마치 두 사람이 싸운 것처럼 위장하기 위해서…."

결국 혈흔 형태 분석팀이 내린 결론은 '신고자 이씨가 범인'이었다. 더불어 현장 바닥에서 발견된 혈흔 족적은 누군가 양말을 신은 채 혈액이 고여 있던 바닥을 밟고 다니다 생긴 것으로 추정됐는데, 이씨 발과 일치했다. 이때 신고 다닌 것으로 추정되는 피 묻은 양말이 각각 두 피해자가 쓰러진 곳 근처에서 발견됐다. 양말 안쪽에서는 이씨 DNA가 검출됐다.

수사팀이 재구성한 범행의 전모는 이랬다. 이씨는 방문 쪽에서 임씨에게 라체트 절단기를 휘두른 다음, 김씨에게 달려들어 가격하기 시작했다. 김씨가 죽자 거실로 나가 싱크대에서 손을 씻었고, 다시 방 안으로 들어와 중앙에서 잠시 상황을 살폈다. 사건을 어떻게 은폐할까, 고민했을 공산이 컸다. 이후 쓰러져 있는 임씨를 김씨 옆으로 옮겼다. 둘이 싸운 것처럼 보이게 할 생각이었다. 그리고 휴지로 발을 닦은 뒤 유유히 집을 빠져나갔다.

"악" 소리가 들린 밤 10시에서 이씨가 김씨 집을 빠져나간 밤 10시 24분 사이에 벌어진 일이다. 혈흔 형태를 분석해서 도출한 이 같은 시나리오에 근거해, 사건이 발생하고 7개월 후 결국 이씨를

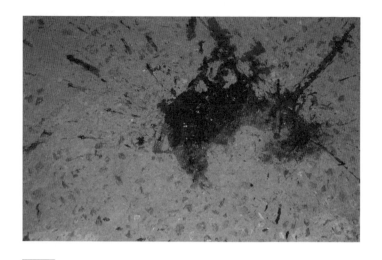

이제 혈흔을 분석해 사건을 처음부터 재구성하는 것이 가능해졌다.

구속할 수 있었다.

2013년 5월 대전지방법원 형사12부는 이씨에게 징역 17년을 선고했다. 법원은 "피고인이 피해자(김씨)를 살해했다는 직접증거는 없지만 살해했음이 합리적 의심 없이 추단(미루어 판단)되므로 넉넉히 유죄로 인정할 수 있다"고 밝혔다. 국민참여재판으로 진행된 이 재판에서 배심원 9명도 모두 유죄 평결했다. 이씨는 계속 무죄를 주장했다. 같은 해 11월 대전고등법원이 피고인과 검사 측 항소를 모두 기각했고, 석 달 후 대법원은 상고를 기각해, 1심의 형량을 그대로 확정됐다.

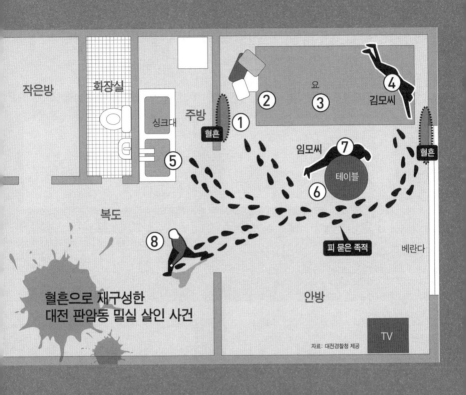

작은방

화장실

싱크대

주방

① 혈흔

② ③ 요 ④ 김모씨

⑤

임모씨 ⑦

⑥ 테이블

혈흔

복도

⑧

피 묻은 족적

베란다

혈흔으로 재구성한
대전 판암동 밀실 살인 사건

안방

자료: 대전경찰청 제공

TV

1 범인 이모씨 출입문 근방에서
임모씨를 라쳇절단기로 가격

2 요 쪽으로 이동한 뒤 쓰러진 임모씨를
수 차례 가격

안방 출입문 쪽 벽면 및
이불 아랫단에서 임모씨 혈흔 발견

3 자신 쪽으로 다가오는 김모씨에게
라쳇절단기 휘두름

4 김모씨가 요 위에 쓰러진 뒤에도
수십 차례 가격

안방 안쪽 벽면 및 베란다 문에서
김모씨 혈흔 발견

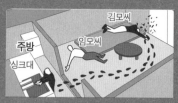

5 김모씨 죽음을 확인한 범인 이모씨는
안방에서 부엌 싱크대로 이동해
손을 씻음

6 다시 안방으로 들어와 중앙에 잠시 서서
피해자들을 둘러 봄

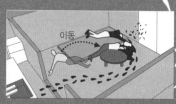

7 둘이 싸운 것처럼 위장하기 위해
방문 앞에 쓰러져 있는 임모씨를
김모씨 옆 안방 중앙부로 이동

방안을 돌아다닌 피 묻은 족적이
범인 이모씨 발 모양과 일치

사건 현장 분석 _____

1. 범인 이씨가 안방 출입문 근처에서 라쳇 절단기로 임씨를 가격한다.

2. 요 쪽으로 이동해서, 쓰러져 있는 임씨를 다시 수차례 가격한다. 나중에 경찰은 출입문 쪽 벽면과 이불 아랫단에서 임씨의 혈흔을 다수 발견된다.

3. 이씨는 자신에게 다가오는 집주인 김씨에게 달려들어 절단기를 휘두른다. 김씨가 요 위에 쓰러진 뒤에도 수십 차례 가격한다. 나중에 경찰은 안쪽 벽면과 베란다 문에서 김씨의 혈흔을 발견한다.

4. 김씨가 죽은 것을 확인한 이씨는 안방에서 걸어 나와 싱크대로 가서 손을 씻는다.

5. 다시 안방으로 들어와 중앙에 잠시 선 채 피해자들을 둘러본다.

6. 둘이 싸운 것처럼 위장하기 위해 방문 앞에 쓰러져 있는 임씨를 김씨 옆으로, 즉 방 중앙부로 옮긴다. 나중에 경찰은, 방 안을 돌아다니다 생긴 피 묻은 족적을 발견하고, 이것이 이씨의 발과 일치한다는 것을 밝혀낸다.

_____

혈흔 형태 분석

어떤 도구 써서, 어떤 동작 있었는지…
혈흔 8단계로 분석해 범행 재구성

2016년 7월 서울 구로구 여인숙의 좁은 화장실 바닥에서 중국 동포 A(67세)씨가 피투성이가 되어 베개를 베고 누워 있는 모습으로 발견됐다. 양쪽 팔꿈치 안쪽 동맥은 베어지고, 샤워기 아래 커터 칼이 떨어져 있었다. 타살 흔적은 없었지만, 그렇다고 살인을 배제할 수도 없었다.

서울지방경찰청 과학수사계 소속의, 혈흔 형태 분석 전문 수사관들은 현장을 분석해 A씨가 쓰러진 당시 상황을 재구성했다. 선 채로 벽에 오른팔을 대고 자해를 시도하다 그는 잠시 주저하며 지혈을 시도했고, 이내 다시 왼팔까지 그었다. 이후 고통에 몸부림

치다 숨졌다. 살인이 아니라 자살이라는 판단이 나왔다.

147센티미터쯤 높이에서 처음 분출해 좌변기 쪽 벽면에 묻은 혈흔은 그가 오른팔을 먼저 칼로 그었음을 보여줬다. 손으로 쥔 위치를 제외하고 피가 흥건한 수건은 그가 지혈을 시도했음을, 50센티미터쯤 높이에서 출혈이 시작돼 출입문 왼쪽 벽면에 묻은 출혈 흔적은 그가 쓰러져가며 2차 자해를 시도했음을 말하고 있었다. 좌변기 아래와 바닥에 묻은 혈흔은 그가 죽기 전까지 몸을 비틀며 고통스러워했다는 증거였다.

이처럼 혈흔 형태 분석은 '외력이 혈액에 작용하면 예측 가능한 결과를 낳는다'는 간단한 원리를 따른다. 현장에 남은 여러 종류의 혈흔을 종합하면, 어떤 범행 도구가 사용됐는지, 어떤 방향으로 행위가 이뤄졌는지, 출혈 이후 피해자가 어떤 동작을 했는지를 추론할 수 있다는 게 혈흔 형태 분석 전문가들의 설명이다. 피의자가 혐의를 부인하거나 형량을 낮추려 해도 혈흔을 토대로 객관적 상황을 제시하는 게 가능해졌다는 얘기다.

1997년 4월 햄버거 가게 화장실에서 대학생 조중필(23세) 씨가 살해된 채 발견된 일명 '이태원 햄버거 가게 살인 사건' 역시 혈흔 형태 분석을 증거로 19년 만에 진범을 잡아낸 사례다. 2016년 1월 1심 재판부는 혈흔 형태 분석 결과에 토대해 아서 존 패터슨(38세)의 진술을 거짓으로 판단했다.

사건 현장에 흩뿌려진 혈흔을 어떻게 분석하는가는 대략 다음 8단계를 따른다.

1. 개별 혈흔을 분석하기에 앞서 전체 현장에 익숙해져야 한다. 숲을 보지 못하면 중요한 나무가 무엇인지를 놓치게 되기 때문이다.

2. 수많은 혈흔 중에서 각각의 혈흔을 개별 혈흔으로 인식해내고

3. 각 혈흔을 분류법에 따라 그룹화한다. 두 개의 상위 범주(비산 혈흔과 비비산 혈흔)와 네 개의 하위 범주(선형 비산 혈흔, 비선형 비산 혈흔, 매끄러운 경계, 불규칙한 경계)를 만드는 식이다.

4. 혈흔 형태의 방향성과 움직임을 파악한다.

5. 혈액 방울의 충돌 각도 등도 파악한다.

6. 각 혈흔끼리의 관계, 혈흔과 다른 증거와의 관계를 분석한다. 즉 현장을 다시 전체적으로 바라본다는 얘기다. 6단계 분석을 거쳐 얻은 정보를 모두 활용하면 서서히 그림이 그려진다.

7. 설명 가능한 피해자의 행위를 찾는다. 혈흔 형태와 연관된 다양한 가설과 이론을 만들고, 이를 검증해 혈흔이 실제로 그렇게 생성될 수 있는지 입증하는 것이다. 이 단계에서 추가로 부검 결과(상처 종류와 부위 등)가 고려된다. 경험하지 못한 독특한 사건이나 현장을 접했다면 가설을 검증하기 위해 연구하고, 실험하기도 한다.

8. 마지막 단계에서는 혈흔 순서를 정립함으로써 행위 순서를 판단하고, 전체 사건을 재구성한다. 그러면 대부분, 범인은 나타나게 돼 있다.

아서 존 패터슨은 이태원 살인 사건의 진범으로 밝혀져 사건 발생 19년 만에 징역 20년 형을 선고받았다. 사진은 사건 당시 현장검증에 참여하고 있는 모습. 사진 한국일보

** **이태원 햄버거 가게 살인 사건:** 서울중앙지방법원 형사27부는 2016년 1월 29일 패터슨에게 징역 20년을 선고했다. 조씨는 좁은 화장실 안에서 흉기에 목 등 여러 곳을 아홉 차례 찔려 숨진 채 발견되었다. 사건 당시 화장실에 있던 사람은 조씨를 포함해 에드워드 리와 패터슨, 세 사람뿐이었다. 처음에 검찰은 리를 범인으로 보고 기소했고, 법원은 유죄를 선고했다. 하지만 대법원은 1998년 4월 리에게 징역 20년을 선고한 원심을 깨고 무죄 취지로 사건을 파기환송해서, 패터슨이 진범일 가능성을 내비쳤다. 그 후 리의 무죄 확정과 검찰의 재수사를 거쳐, 2017년 1월 25일 대법원은 패터슨에게 징역 20년을 선고한 원심을 확정했다.

22

시화호 토막 살인 사건

호수 바닥에 팔·다리·머리 없는…
시신은 억울함에 바다로 가지 않았다

2015년 4월 4일, 자정을 막 넘어갈 때쯤 직장인 A(25세)씨가 아버지와 함께 시화호를 찾았다.

경기 시흥 오이도와 안산 대부도를 잇는 12.7킬로미터 길이의 방조제가 만든 거대 인공 호수. 한때 사람들은 그곳을 '죽음의 호수'라 불렀다. 방조제에 갇힌 물이 썩자 고기가 떼로 죽어나갔다. 2000년 정부가 방조제 중앙에 조력발전소를 만들어 하루 두 번 썰물 때에 맞춰 물을 내보내고 밀물 때에 물을 들이기 전 때까지, 시화호는 죽어 있었다.

썰물이 되면 호수는 바닥을 드러난다. 그때도 썰물이었다. A씨처럼 사람들은 '돌게'를 잡겠다며 바다 진창에 발을 들였다. 저어

새와 참매가 날아오고 맹꽁이 같은 보기 힘든 멸종 위기종까지 모습을 드러낸 가운데 사람들은 돌게를 잡느라고 여념이 없었다.

"저기 뭐가 있어요. 돼지 같은데…."

오이도 선착장 맞은편에서 손전등을 비추며 돌게를 찾던 A씨가 소리를 질렀다. '살구색을 띤 둥근 형체'가 눈에 들어왔다.

"호수 바닥에 무슨 돼지가 있어?"

"저렇게 생긴 게 돼지 말고 뭐가 있어요?"

수상한 물체 쪽으로 조금씩 걸어갔다. 둘은 곧 질겁한 채 자리에 우뚝 서버렸다. 사람이었는데, 온전하지가 않았다. 몸통만 있고 사지와 머리는 보이지 않았다.

경기남부지방경찰청과 시흥경찰서에 경찰 137명 규모로 수사본부가 꾸려졌다. 하루가 채 지나지 않아 국립과학수사연구원에서 부검 결과를 알려 왔다.

'성별: 여성, 나이: 20~50대 추정, 혈액형: O형, 예리한 도구에 의한 시신 절단.'

배에는 8센티미터 크기의 맹장 수술 자국이, 가슴 부위엔 23센티미터가량 수술 흔적이 보인다는 내용도 부검서에 적혀 있었다. 등 쪽 요추(허리뼈)와 왼쪽 어깨에 뜸 치료를 받은 결과로 추정되는 화상 자국도 여럿 있었다. 사망하기 대여섯 시간 전에 먹었을 것으로 보이는 닭고기와 풋고추 같은 음식물도 뱃속에서 나왔다.

사라진 신체 부위를 찾는 게 급선무였다. 몸통만으로는 피해자가 누구인지 특정하기 어려웠다. 100명 가까운 경찰이 투입돼 시화호 주변을 샅샅이 뒤졌다. 가방 한 개, 쓰레기봉투 두 장, 장갑 두 개가 발견됐다. 수색이 계속됐다. 신원을 드러내줄 단서가 필요했다.

주변 탐문도 동시에 진행했다. 부검을 거쳐 확보한 정보와 일치하는 사람이 있는지 찾아나가는 지루한 작업이다. 2015년 1월 1일 이후 집에 들어오지 않은 20~50대 여성들을 추려낸 다음, 그들 가족의 DNA를 추출해 시신의 것과 하나씩 비교했다. 국민건강보험공단에 문의해 그들 가운데 맹장 수술을 받은 이가 있는지도 재확인했다.

아무런 성과도 나오지 않았다. 맹장 수술을 받은 흔적이 나왔으니까 수술 기록을 확인해보자는 의견도 있었지만, 피해자가 수술을 받은 시점이 최소 10년 전쯤으로 추정되는 이상, 그렇다면 기록 자체가 남아 있지 않을 가능성이 컸다.

범인이 시신을 버리거나 운반하는 모습이 폐쇄회로 TV에 찍혔는지도 확인해야 했다. 오이도에서 대부도 쪽으로 나 있는 방조제 출입구에서 주변 폐쇄회로 TV 60여 대, 반대쪽 방면으로 나 있는 또 다른 출입구에서 4대를 확보해, 시신이 발견된 날과 전날 두 출입구를 지나간 차량 1600여 대를 추적하는 작업에 들어갔다. 하지만 시신을 버리는 모습을 봤거나 범인으로 의심되는 사람이 있었다는 진술은 전혀 나오지 않았다. 평소엔 보안상 제공하지 않는 군의 폐쇄회로 TV 영상까지 받아 해안선 위주로 샅샅이 뒤져봤지만, 단서는 나오지 않았다.

시화호를 수색하던 중 종량제 쓰레기봉투(100리터)를 건져냈는데 매듭짓는 부분에서 피해자 DNA가 검출됐다. 시신이 발견된 곳 바로 옆에서 수거한 봉투였다. 애초 버려진 몸통을 담고 있다가 물에 떠내려오는 과정에서 벗겨졌을 것으로 추정됐다.

"쓰레기봉투를 '누가' 샀는지 알아내면 되는 것 아냐?"

범인과 피해자를 한 번에 알아낼 수 있는 기회라고 수사팀은 봤다. "봉투 출처를 추적해보자."

하지만 봉투에는 안타깝게 일련번호가 없었다. 언제, 어디서 팔린 것인지 알 길이 없다는 뜻이었다.

수사본부에 긴장감과 위기감이 돌았다. "미제 사건이 될 수도 있겠다"는 말이 수사팀 내부에서 심심찮게 들렸다. 현장에서 수사 지휘를 맡은 시흥경찰서 최승우 강력1팀장도 애가 타 들어갔다.

4월 6일 아침 8시 21분쯤 수사팀에 제보 전화 한 통이 걸려 왔다. "어제 낮에 가발 모형 같은 걸 시화호에서 본 거 같다"는 내용이었다. 최팀장은 믿을 만한 제보인지 의심이 들었다. 공개수사로 전환되면서 하루에만 50통 넘는 제보 전화가 걸려 왔지만, 수사에 도움이 되는 정보는 전혀 없었다. 신고자는 "시화방조제 입구 오른쪽에서 '본 것 같다'"는 말만 반복했다. "직접 같이 가달라"고 간곡히 말해도, "무섭다"며 거절했다. 헛힘만 쓰는 건 아닌지 걱정이 들었다.

결국 해당 지점을 기준으로 최팀장과 직원들이 수색에 나섰다. 혹시나 하는 마음에서였다. 밤 9시쯤, 손전등을 쥐고 시화호를 비추며 찾아 나섰지만 눈에 걸리는 건 없었다. 최팀장은 부하 직원들에게 "수색 범위를 좌우로 더 넓혀서 찾아보라"고 지시하고, 자신은 신고자가 알려준 곳을 좀 더 자세히 들여다보았다. 아무것도 보이지 않자 '또 허탕이구나' 싶었다. 포기하기에는 아직 일렀다. 신고자가 말한 '가발 모형'이라는 말이 계속 마음에 걸렸다. 헛것을 본 게 아니라면, 최팀장이 그토록 찾고 싶은 '피해자의 머리'일 가능성이 높았다.

1시간 정도 시간이 흘렀다. 밤 10시 10분쯤 최팀장이 비추던 손전등을 물가에서 10미터 정도 떨어진 곳에서 멈췄다. 썰물 때라 시화호 바닥이 차츰 보이기 시작했다. 손전등을 멈춘 곳에서, '피해자의 머리'가 보였다. 몸통이 발견된 장소에서 오이도 방향으로 3.2킬로미터 떨어진 곳이었다. 최팀장은 부하 직원들을 불렀다.

"머리! 머리!"

상태는 다행히 온전했다. 몽타주를 만들어 곧바로 수배 전단을 배포했다. 눈썹에 문신이 있고, 왼쪽 송곳니에는 치과에서 충치 치료를 받은 흔적이 남아 있었다.

머리를 발견한 곳을 기점으로 다시 대대적인 수색을 펼쳤다.

"피해자의 신원을 알아내려면 나머지 신체 부위를 빨리 찾아내야 했습니다."

최팀장의 얘기다. 다음 날 오전 10시 20분쯤 수색 중이던 기동대원 한 명이 소리를 고래고래 질렀다.

"나왔습니다!"

머리가 발견된 곳에서 대부도 방향으로 80미터 정도 떨어진 장소였다. 해안가 바위 틈 사이로 검은색 봉투가 눈에 띄었다. 그 안에서 '두 손'과 '두 발'이 나왔다. 두 손은 지문 채취가 가능할 정도로 거의 훼손되지 않은 상태였다.

수사가 급물살을 탔다. 지문 감식을 거쳐 피해자의 신원이 확인됐다. 피해자는 안산에 사는 조선족 한 모(41세) 씨였다. 2013년 8월 입국할 때 법무부에 지문을 등록해둔 터라 신원 확인은 어렵지 않았다. 한씨는 입국신고서를 작성하는 과정에서 어머니와 남편이 있다고 적었다. 신고서에 적힌 남편의 이름은 김하일(실명 47세). 김씨가 2009년 먼저 한국에 들어와 있었다. 한씨가 사용한 휴대폰도 남편 명의로 돼 있었다.

경찰은 바로 한씨가 미귀가자로 신고된 적이 있는지 확인했다. 그런 신고는 접수된 적이 없었다. 그 사실을 안 즉시, 최팀장은 남편이 유력한 용의자라는 의심이 들었다.

"아내가 사라졌는데 신고도 안 하는 남편이 어디 있어!"

김씨는 시흥 정왕동 인근에 살며 집에서 3.5킬로미터쯤 떨어져 있는 건설자재 회사에 다니고 있었다. 경찰은 그의 집과 회사 근처에 잠복했다. 유력한 용의자였지만, 아내를 죽이고 시신을 토막 내 유기했다는 결정적인 증거는 없었다.

하루가 지나도록 수상한 행동은 보이지 않았다. 저녁에 출근해 밤새 일하고 아침에 퇴근하고 나면 낮에는 잠을 잤다. 4월 8일 오전 10시쯤 그가 움직였다. 평소라면 아직 자고 있을 시간이었다. 수사팀이 술렁였다.

"김하일, 나왔습니다. 쇼핑백 하나 들고 나왔습니다."

경찰은 조심스레 따라붙었다.

집을 나서고 5분쯤 됐을 때 김씨는 평범해 보이는 한 가정집으로 들어가더니 곧 나왔다.

"들고 있던 쇼핑백이 안 보입니다."

추적조는 김씨를 따라가고, 나머지 수사관들은 바로 집으로 들어갔다. 1층에서부터 '썩는 냄새'가 코를 찔렀다. 건물 옥상으로 향할수록 냄새는 강해졌다. 한씨 시신 중 아직 찾지 못한 부위인 '두 팔'과 '두 다리'가 쇼핑백에 담겨 있었다. 추적조에게 곧장 무전을 통해 지시가 내려졌다.

"김하일 바로 체포해!"

김씨는 경찰서로 가는 동안 범행을 순순히 시인했다.

"돈 벌어 오겠다"며 2009년 한국에 들어온 김씨는 처음에는 번 돈을 착실히 집에 보냈다. 그러다가 한순간 도박에 빠져 4000만 원가량을 탕진했다. 한씨가 입국한 것도 다시는 남편이 도박을 못 하게 관리하려는 목적이 컸다. 하지만 김씨는 한씨 몰래 다시 도박에 손을 댔다가 2000만 원을 날렸다.

시화호 토막 살인 사건의 범인 김하일은 자신의 아내를 죽인 뒤, 시신을 열넷 토막을 내 머리와 손발을 시화호 반대편 바닷가에 유기했다. 사진 이상무

4월 1일 그날따라 한씨가 눈에 거슬렀다고 했다. "또 도박을 했냐. 은행에 가서 모아놓은 돈이 얼마나 되는지 확인해보자"고 다그치는 한씨의 목소리를 참을 수가 없었다고 했다. 그것이 화가 나 망치로 머리를 내려치고 목을 졸라 살해한 이유였다.

4월 2일 집 화장실에서 시신을 칼로 토막 낸 뒤, 몸통은 자전거에 실어 집에서 5킬로미터 떨어져 있는 개천에 유기했다. 다시 집으로 돌아와 출근하는 길에 머리와 손발을 마저 버렸다. 몸통은 개천을 따라 시화호로 흘러나와 시화방조제에 걸려 발견됐고, 머리와 손발은 바위틈에 걸려 썰물과 함께 내려가지 않았던 것이다.

경찰은 김하일을 살인과 사체훼손 등 혐의로 검찰에 넘겼다. 2016년 4월 대법원은 김씨에 대한 징역 30년 형을 확정했다.

시화호 토막 살인 사건 유기·발견 장소

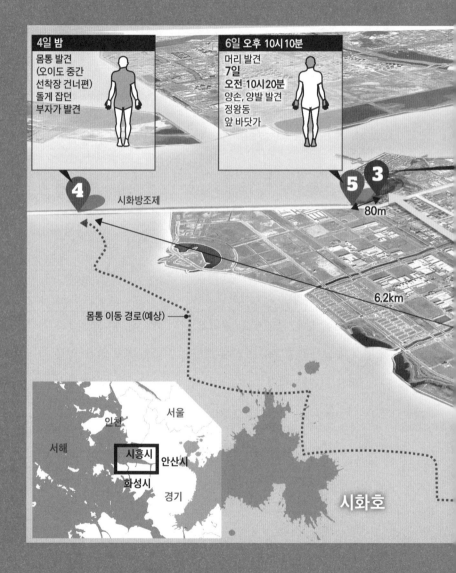

4일 밤
몸통 발견
(오이도 중간
선착장 건너편)
돌게 잡던
부자가 발견

6일 오후 10시 10분
머리 발견
7일
오전 10시 20분
양손, 양발 발견
정왕동
앞 바닷가

4

시화방조제

5 3

80m

6.2km

몸통 이동 경로(예상)

서울

인천

서해

시흥시 안산시

화성시

경기

시화호

2일 오후 6시
머리, 양손,
양발 유기
정왕동
앞 바닷가

8일 오전 10시
양팔, 양다리 유기
및 발견 정왕동
(조카 건물 옥상)
유기 이후
경찰 추적으로
발견

시흥시

반월시화지구

○ 한국기술산업대

회사

2015년 4월 1일 오전 11시
살해 및 시신 훼손 김하일
주거지(시흥시 정왕동)

**2일 낮 12시 30분~
오후 2시 30분**
화장실에서 회칼로 시신
절단

● 범인 도보 이동   범인 자전거 이동 ➤

안산시

2일 오후 5시
몸통 유기(정왕동 개천)
몸통 부분만 자전거에
실어 집에서 이동

유기 발견 장소 _____

2015년 4월 1일 오전 11시 김하일이 시흥 정왕동의 주거지에서 자신의
　　　　아내를 살해하고 시신을 훼손한다.

4월 2일 낮 12시 30분부터 오후 2시 30분까지 집 화장실에서 회칼로 시신
　　　　을 절단한다.

같은 날 오후 5시 몸통 부분만 집에서 갖고 나와 자전거로 실어 나른
　　　　다. 정왕동 개천에 몸통을 버린다.

같은 날 오후 6시 출근하는 길에 머리와 손발을 정왕동 앞 바닷가
　　　　에 버린다.

4월 4일 밤 오이도 선착장 건너편에서 돌게를 잡던 한 부자가 유기
　　　　된 피해자의 몸통을 발견한다.

4월 6일 밤 10시 10분 정왕동 앞 바닷가에서 머리가 발견된다.

4월 7일 오전 10시 20분 정왕동 앞 바닷가에서 손과 발이 발견된다.

4월 8일 오전 10시 김씨 조카가 사는 정왕동 집의 옥상에서 팔과 다
　　　　리가 발견된다.

_____

신원 파악

토막 살인 사건의 시작이자 끝

"피해자가 억울해서 자기 찾아달라고 그렇게 바다로 안 떠내려가고 있었던 건 아닐까요?"

시화호 토막 살인 사건 수사를 현장에서 지휘했던 시흥경찰서 강력계장 최승우 경감은 '사건을 해결하는 데 가장 결정적이었던 게 뭐냐'는 질문에 사무실 천장을 바라보며 이렇게 나지막하게 말했다.

"몸통이 조력발전소 쪽으로 좀 더 떠내려가서 아예 바다로 나가버리거나, 머리와 손발도 썰물이랑 같이 흘러갔으면, 정말 쥐도 새도 모르게 시신이 증발해버리는 것이었습니다. 그렇게 시화호 근처에 있어줬기에 우리가 피해자가 누구인지, 범인이 누구인지 알아낼 수 있었죠."

토막 살인 사건을 저지른 범인은 대부분 완전범죄를 꿈꾼다는 게 최경감의 얘기다. "피해자가 누구인지 알 수 없게 해 수사에 혼선을 주려는 목적이 강하다"고 했다. 그래서 토막 살인 사건의 시작이자 끝은 '피해자 신원 파악'이라는 점을 강조한다.

"특히 손이 발견되면 신원 파악이 가능한 덕에 사건이 초반에 해결되지만, 시화호 사건처럼 몸통부터 발견되면 쉽지 않아집니다."

물론 피해자의 신원이 밝혀지면 그때부터 수사의 시작이라 할 수 있다. 최경감은 "피해자의 신원이 파악되면 주변 인물 탐문부터 폐쇄회로 TV 수사까지 정말 철저히 할 수밖에 없다. 토막 살인 사건에 수사 인력이 많이 투입되는 것도 이 때문"이라고 했다. 실제 피해자에 대한 정보를 힘들게 알아내도 범인을 잡지 못하는 경우가 있다.

'포항 흥해 토막 살인 사건'이 대표적이다. 2008년 7월 8일 경북 포항 흥해읍 한 도로변 갈대숲에서 여성의 것으로 추정되는 오른쪽 다리가 발견됐다. 그 뒤로 오른팔, 왼팔, 왼쪽 다리, 머리, 몸통이 2주 동안 차례로 나타났지만, 정작 손가락 끝마디가 모두 잘려나가 있었다. 또 머리와 몸통이 부패가 심해 신원을 알아내는 데 상당한 어려움을 겪었다. 결국 이 사건은 지금까지 '미제'로 남아 있다.

범인 김하일이 처음 시신의 몸통 부위를 유기한 시흥 정왕동 개천. 사진 이상무

최경감은 의외의 변수 때문이라도 토막 살인 사건이 미제로 남을 가능성은 적다고 일축했다.

"범인들도 절대 찾지 못하리라고 생각한 시신이 갑자기 나타나거나 예상치 못한 곳에서 피해자의 신원이 확인되는 경우가 많습니다. 죽은 피해자가 결국 수사를 도와준다고 생각해요. 그래서 완전범죄란 없습니다."

덜미,
완전범죄는 없다 1

: 범죄 현장에서 쫓고 쫓기는 두뇌 싸움

발행일 2판 8쇄 펴냄 2024년 6월 5일
      1판 1쇄 펴냄 2018년 1월 29일

지은이 한국일보 경찰팀
펴낸이 임후성
펴낸곳 북콤마
편집 김삼수
디자인 Miso
본문 사진 한국일보, 경찰청 및 각 지방경찰청과 경찰서

등록 제406-2012-000090호
주소 (413-756) 경기도 파주시 문발동 파주출판단지 534-2 201호
전화 031-955-1650 팩스 0505-300-2750
이메일 bookcomma@naver.com   페이스북 facebook.com/bookcomma
블로그 bookcomma.tistory.com   트위터 @bookcomma

ISBN 979-11-87572-05-3 (04300)
     979-11-87572-14-5 (세트)